马本斋

中华先烈人物故事汇

军事科学院解放军党史军史研究中心

学习出版社

中华先烈人物故事汇《马本斋》编委会

主　任：张从田
副主任：陈秋波　曲宝林　陈传刚
　　　　余　戈
编　委：郭　芳　周　鑫　王　冬
　　　　王　雷　李　涛

主　编：张从田
编　著：陈秋波　秋　实

目　录

Contents

引子

尤素夫·马本斋，回族，学名马守清。1902年2月10日出生，河北省沧州市献县东辛庄人。10岁进本村穆斯林学堂读书，上学的第4年，因带领同学修改古“圣文”，被教书先生开除而辍学。

1918年，马本斋随父亲外出谋生，先是来到北京城，目睹了社会黑暗和不平的现状后，愤然离开，踏上走西口之路。父子二人在张家口开了个果子铺，不久便遭到当地大皮货庄“德正楼”管家杨赶刀的盘剥欺压和迫害，在朋友的帮助下逃离张家口，来到内蒙古呼和浩特大草原给牧主人放马。在这辽阔的大草原上，马本斋练就了一身骑马、套马的绝技，深得牧主人的赏识。因遇仇人杨赶刀并将其斩杀后，又来到东北林海雪原，他在这里扛大木，赶爬犁，修铁路，饱尝了人世的艰辛。

1921 年冬，经朋友介绍，加入了东北军张宗昌的部队。马本斋为人亲和坦诚，善于动脑，训练刻苦，军事技术过硬，半年后被提升为班长。当时，军中多是目不识丁的文盲，马本斋粗通文墨，不久又被提升为排长。

1922 年，马本斋被选送到东北讲武堂学习两年，毕业时因成绩优秀，被提升为连长。1926 年，在新旧军阀混战中，为保障部队的物资供应，他被任命为担负后勤运输的“杠子营”营长。

1928 年春，在攻打牟平城的战斗中，马本斋主动请缨，出奇制胜，受到上司刘珍年的奖赏，被提升为团长。

1929 年 5 月，刘珍年在山东被蒋介石任命为独立第 21 师师长，马本斋任该部第 4 团团长。刘珍年军中有不少共产党员，马本斋受其影响萌发革命思想。不久，有人向蒋介石告密，那些暴露身份的共产党员被刘珍年“礼送出境”，马本斋由此失去与共产党人的联系。

1932 年秋，刘珍年在蒋介石严令催逼下，率部离开胶东开往南方“剿共”。马本斋不愿与共产党作战，同时看到国民党的腐败和军阀混战给中国带来的无尽灾难，对自己为之奋斗的理想感到失望，毅然弃官离职，回到故乡。

七七事变爆发后，日本侵略军侵入马本斋的家乡河北献县一带，烧杀淫掠，无恶不作。为抗击日本侵略者，马本斋在家乡成立了回民义勇队。1938年3月，回民义勇队接受共产党的领导加入河北抗日游击军，编为冀中回民教导队。6月，所部改编为八路军第3纵队兼冀中军区回民教导总队，马本斋任总队长。他率领回民教导总队活跃在献县、河间一带，为粉碎日军的秋季“扫荡”发挥了重要作用。这年10月，马本斋光荣地加入了中国共产党。

1939年7月，回民教导总队正式改称为八路军冀中军区回民支队，马本斋任司令员。在他的带领下，回民支队奉命开到深县南部地区开辟新的抗日根据地。他们一到该地就打了一场漂亮的伏击战，歼灭日伪军300多人，打出了回民支队的军威，极大地震慑了盘踞在这一地区的敌人，鼓舞了当地人民抗日斗争的热情，受到八路军晋察冀军区聂荣臻司令员高度赞扬，称其为“能征善战的回民支队”。当年10月，在冀中军区第三次政治工作会议上，授予回民支队一面“打不烂，拖不垮，攻无不克的铁军”锦旗。毛泽东也给予高度评价，并亲笔题写了“百战百胜的回民支队”。

1941年7月，马本斋率部运用游击战，对盘踞在河间县城一带的日军实施神出鬼没的袭击，迫使日伪军龟缩于河间城内不敢轻易外出。日本侵略军为报复回民支队，抓走了马本斋的母亲，逼迫马母给马本斋写信劝降。深明大义的马母宁死不屈、义正词严地拒绝敌人，绝食7天，以身殉国。马本斋沉痛地写下誓言：“伟大母亲，虽死犹生，儿承母志，继续斗争！”

1942年5月1日，日伪军在华北方面军司令官冈村宁次的指挥下，对冀中抗日根据地进行空前的大“扫荡”。为减轻日伪军对冀中根据地中心区的压力，马本斋奉命率回民支队攻打泊镇，袭交河，转移敌人视线，掩护主力部队突出重围，进入太行山区。尔后，冲破铁壁合围的口袋阵，跳出日伪军的包围圈，胜利转移到冀鲁边区，为冀中的

“五一”反“扫荡”作战作出了重要贡献。

1942年9月，回民支队奉命开赴鲁西北，被编入冀鲁豫军区第3军分区，马本斋任分区司令员兼回民支队司令员。从此，回民支队作为第3军分区的主力部队，在马本斋的带领下打据点，斗汉奸，担负起了保卫、巩固和发展鲁西北抗日根据地的艰巨任务，极大地震慑了日本侵略军。

1944年2月1日，冀鲁豫军区司令员杨得志率领包括回民支队在内的主力部队一部开赴延安，保卫党中央。这时，马本斋因病被送往医院抢救未能随部队远征，于2月7日在山东省莘县冀鲁豫军区后方医院不幸病逝，终年42岁。

01 少年多壮志

铁匠松前立壮志

在河北沧州河间城子牙河的北岸，有一个古老的回族村庄，叫东辛庄。相传在很早以前，黄河泛滥，灾荒连年，黄河上游宁夏川一带的回族，依照有经验的老人指点：太阳是真主居住的地方，朝着太阳升起的地方走去，才会找到穷苦回民安居乐业、生儿育女的宝地。于是，他们三家一伙，五家一群，搭帮结队，沿路讨食，向东方赶路。他们走呀，走呀，当碧绿的子牙河水挡住他们去路的时候，仅剩下的四五户人家就选择在这里安家了。

勤劳、勇敢，是回族人民的天性。这几户西来的游子，拖儿带女，没黑没夜地开垦荒地。日复一日，年复一年，风里来，雨来去，他们终于用勤劳的汗水，将这块处女地变成了收获的良田。为此，他们给这个新生的小村落起了个辛酸的名字：东辛庄。

随着时代的推移，东辛庄由开始的几户，慢慢发展到500多户人家。用黄土盖起的小屋，布满了河湾，尤其是坐落在村中间的清真寺的塔尖，在10里之外就可以看得见。清真寺的前面，有个绿波荡漾的天然小湖，湖水把村子分成了两部分。人们习惯地把湖水东边叫“村东头”，湖水西边叫“村西头”，湖中间有一座木制的小桥，连接着村两头。在村东头的南边，有3间土坯房屋，这就是回族农民马永长的家。

1902年农历除夕，一场鹅毛大雪纷纷扬扬下了3天3夜，东辛庄被裹成了银白色的世界。大年初三的早晨，大雪刚停，从马永长屋里传出几声清亮的婴儿啼哭声，给这沉闷的大年增添了几分喜庆。他的第二个儿子呱呱坠地了。

马永长望着刚出生的儿子，心想：在这多灾的世道，自己又添丁加口，这一切都是真主的本意。于是，他跑到清真寺，请阿訇（回族主持教仪、讲授经典的人）给儿子取了个吉利的名字，叫尤素夫·马本斋，学名马守清。

母亲对二儿子的到来，不仅内心充满喜悦和甜蜜，更是从小本斋机灵的眼神中看到了生活的希望。

马本斋的母亲叫白文官，是河间城里人，姐妹 5 个，她排行老二。父亲白景奎总盼望着妻子能为他生个儿子以续“香火”，然而妻子却接二连三地为他生了 5 个女儿。

白文官的爷爷是位开明人士，继承了祖传的土中医医术，在十里八乡还有些小名气。老人家对自己的 5 个孙女很是喜欢。他常教训儿子白景奎：“男子能顶家，女子也能过日子。只要把‘勤俭’二字挂在心头，男女都一样。”他不仅教育孙女们勤俭持家，操劳家务，还常给她们讲《说岳全传》《徐母骂曹》《木兰从军》《孟母择邻》的故事。白文官最喜欢听爷爷讲的故事，她天资聪颖，只要听一遍就能全部讲出来。

白文官 17 岁那年，英国传教士在河间办起了一所教会学校，免费招生。一天，爷爷对儿子白景奎说：“女子读书，胜过男子大丈夫，咱就让五姑娘去上学吧！”

五妹上了教会学校，白文官很是高兴，虽自己不能上学，却每天晚上把五妹叫到自己身边，让她再教自己识字。

这么一位有心计的大姑娘，自然招来很多人上门给她提亲，可是都被爷爷婉言谢绝了，爷爷早已为二孙女寻好了一位小伙子。

那是两年前夏天的一个夜晚，爷爷到东辛庄出诊，在返回河间的路上，突然狂风大作，雷雨交加。猛然一个炸雷在头顶上炸响，老人受到惊吓，双脚一滑摔倒在路边的泥坑里，疲劳不堪的他费了半天劲怎么也爬不起来了，心里哀叹道：“难道今天就是我去见真主的日子吗？”

正在老人犯难之时，蒙蒙的雨幕中，一个小伙子向他走来，小伙子来到跟前，二话没说，就把老人扶了起来，还一直把他护送到家中。原来小伙子是东辛庄人，名叫马永长。打那以后，老人家打心眼里喜欢上了这个助人为乐的小伙子。

白文官19岁那年，由爷爷做主，把她嫁给了马永长。因为马永长的小名叫连成，所以人们都亲昵地叫她连成婶。自从嫁到东辛庄后，她便和丈夫一起起早贪黑，风里来雨里去，耕种着几亩薄地，日子虽过得紧巴巴的，但苦涩中也有许多的甜蜜。尤其是二儿子小本斋出生后，给他们带来了更多的欢乐和希望。

马本斋从小聪明伶俐，做事认真有主见，在年龄相仿的孩子中很有威信。村前村后、田头河边，到处都留下了他和小伙伴们快乐的身影。马本斋喜欢养鸽子，他驯养的3只鸽子很通人性，只要他打一声口哨，3只鸽子就会向他飞来，落在他的肩头和手上。马本斋给它们起了好听的名字："雪花""雨点""银翅"。

马本斋八九岁时，就能帮家里干许多活计，放牛、打柴草、拾麦穗，还要下地里帮忙做农活。

一天清早，妈妈要去盐碱地里扫硝土熬小盐，家里已好几天没盐吃了。懂事的马本斋连忙爬起来，接过妈妈手中的瓦罐子，跟着向子牙河边那片盐碱地走去。

来到一片白茫茫的盐碱地，母亲将硝土扫成一小堆一小堆，马本斋熟练地把硝土一捧一捧地往瓦罐里装。

“娘，罐子装满了！”

母亲回头看了看满脸汗水的儿子，既心疼又高兴地说：“好，我们这就熬盐去。”随后又叹道：“唉，皇上就不念咱百姓的苦哇，交皇租，纳地税，穷得连盐都买不起，这兵荒马乱的，哪年哪月，咱才有个安生日子。”最让母亲着急的是，不能让马本斋这样荒废下去了，必须让他上学读书识字。她和丈夫合计过了，就是砸锅卖铁也得让孩子上学，等有了学问，将来能为穷苦人争口气。

母亲的心思本斋是知道的，但此时不知道怎么才能安慰妈妈。当他俩抬着装满硝土的瓦罐子往回走时，本斋主动地多承担一些重量，好让母亲轻松些。

“娘，你给我讲个故事吧。”

平日里，母亲常给儿子讲故事，像《岳母刺字》《苏武牧羊》《木兰从军》等等，已经讲过好多遍了。这会儿，她实在想不起讲什么。她用手理了理散乱的头发，抬头看了看眼前这白茫茫的盐碱地，心情似乎难以平静，但一看到儿子渴求的眼神，立刻就又有精神了。她掸了掸本斋身上的尘土，指了指不远处一座野草丛生、松柏成荫的大土丘问：

“本斋，你知道那座大土丘叫啥吗？”

“知道，叫铁匠台。”

“为啥叫它铁匠台呢？”

本斋摇了摇头。母亲说：“走，到上面歇会儿去。”

铁匠台是座圆形的丘陵，丘陵的顶部长满了松柏树。母子俩登上了这座绿色的土丘，正好遇到在这里玩耍的两个好朋友小俊和傻六，他们看到马本斋和连成婶，立刻亲热地围了过来。

连成婶招呼他们来到一棵大松树底下，放下手里的瓦罐子，对孩子们说：“今天，我给你们讲讲这座铁匠台的来历好不好？”

小俊和傻六惊喜地望了望马本斋，齐声说：“好！太好了！”

“那是在很久很久以前，咱们河间府北大街有一位老铁匠，他忠厚老实，身高力大，是条冻死迎风站，饿死不倒槽的硬汉。他 12 岁进铁匠铺学艺，勤学苦练，几年后就出了师。他凭着一身好手艺撑起了门面，每天从早到黑，铁锤声响个不停。经他打出来的镰刀、锄头、耙子、铁锹，钢口好，又好使又便宜，在方圆百里出了名。时间一长，找他打家什的人越来越多。老铁匠最喜欢和穷苦人交朋友，常常把镰刀、锄头、铁锹什么的，送给那些买不起农具的穷苦人。

“在老铁匠 60 岁那年，黄河改道洪水泛滥后，又是百年不遇的大旱，子牙河旱得见底，地里的庄稼晒得直冒烟儿。穷百姓们没吃没喝，那个苦呀，就甭提了！子牙河十八村的乡亲们，拖儿带女，跑到河边的龙王庙前烧纸求神，祈求真龙显圣，皇天降雨。可是，那庙里的泥老爷，哪管黎民百姓的苦哇。没求来天神却碰到了‘地神’，官府如同青面獠牙的恶神，天天催租要债，摊派皇粮，逼得人们实在是活不下去了。

“就在这求天天不应，叫地地不灵的关头，老铁匠手拎大铁斧，向百姓们高声吆喝道：‘父老兄弟们！穷苦哥儿们！渴死饿死，不如找官府算账去，抢回粮食，或许有条活路！’他一呼百应，难民们在老铁匠的带领下，一把火烧掉了县衙门。他们打开官府的粮仓，一股脑儿地把粮食分光啦。

“后来，官府派了大批官兵来河间镇压。老铁匠不愧是一条硬汉子，有骨气！他带领穷苦百姓，手拿刀棒锹耙拼死反抗，足足打了七七四十九天。老铁匠手下的人，死的死，伤的伤……他边战边退，一直退到咱们坐的这座土丘上。他领着剩下的50名勇士，又血战了3天3夜，最后只剩下老铁匠一个人了。当官兵们再次冲上来的时候，只见老铁匠一个箭步蹿上了土丘的最高顶，大吼一声，抡起大板斧向官军砸去。只听‘啊’的一声惨叫，为首的军官人头落地，其余的个个吓得不敢上前，只得乱箭齐发。老铁匠身中数箭，仍然昂首挺立，稳如泰山……

“第二天清晨，云开日出，彩霞万里。十里八乡的人们怀着崇敬的心情，来到这座土丘寻找老铁匠。英雄的老铁匠却无影无踪了，但在他站立的地方，长出了一棵枝干挺拔的参天大松树，传说这棵大松树就是老铁匠的化身。从此，这座土丘就叫铁

匠台了，这棵大松树就是‘铁匠松’。”

母亲讲到这里，小俊指着铁匠松说：“真像个神气的老爷爷。”

“嘿，嘿，真跟老头儿一样。”傻六也粗声粗气地应和着。

马本斋默默地望着那棵铁匠松陷入了沉思，他握着小拳头心中暗自立下誓言：“铁匠爷爷是个大英雄，我长大了，也要学他那样！”

铁匠松的故事，如同一颗坚强的种子播进了他们幼小的心田。

不满现实改“圣文”

接近晌午，母亲领着本斋和小俊、傻六3个好朋友离开铁匠台往家里走去，来到村中央的小桥，远远看见清真寺门前聚满了乡亲们。他们也好奇地跑了过去，人们正围着墙上张贴的“告示”听哈二先生讲解。

"哈二先生"姓哈，因排行老二，人们就称他"哈二先生"。他是慈禧和光绪下旨开"恩科"那年考中的秀才，一度在河间府做过师爷（指文书类工作），清政府灭亡后赋闲，回到了东辛庄。今天，他身穿长衫、梳着长辫、鼻梁上架着一副老花镜，拖着长腔慢条斯理地给大家念道：

"破皇池，兴民国，废科举，兴学堂。耕者有其田，养子有书读……"

马本斋的母亲听了后连忙问道："哈二先生，你念的这些都靠得住吗？天底下真的能有这么好的事？"

"这告示乃是河间城新官府所出，若言而无信，岂不失民心乎？靠得住，靠得住。"

马本斋听到"有书读"，心里好高兴，也挤到哈二先生面前问："先生，我能读书吗？"

"当然，能哉！能哉！"哈二先生咬文嚼字地回答道。

1912年春，东辛庄穆斯林学堂如期开学了。这学堂原本是马、哈两家财主办的私塾，前清年间，在这里进出的都是有钱人家的子弟，而今天，像马本斋这样穷回民家的孩子也能到这里来读书，这世道真是变了。

开学的这天，马本斋在妈妈的陪伴下，高高兴兴地来到学堂。哈二先生是这里唯一的教书先生。他坐在一把太师椅子上，正拿着朱笔在书上圈圈点点。当看到连成婶和马本斋到来时，连忙起身，双手作揖，说道："连成婶呀，你瞧瞧，当真有了世界大同之今日。你今天亲自送令郎本斋到学堂开卷启蒙，鄙人拱手欢迎。想不到孔夫子所谓之贤人中，也有今日咱穷回民之弟子矣。真是三生有幸！"

连成婶先是把东拼西凑借来的一吊钱交了学费，然后对哈二先生说："我把本斋就托付给先生了。"

"连成婶，令郎本斋乃是咱回民之弟子，我岂能慢待，一定严加管教。"哈二先生又拱手说道。

更让马本斋高兴的是，他的好伙伴小俊、傻六也都来学堂上学了。

自上学后，马本斋学习十分用功，哈二先生给他教的课文，他读上几遍就能背诵出来。学校规定的启蒙读物《三字经》《千字文》《弟子规》，他很快都背得滚瓜烂熟。

转眼间，3个学年过去了，马本斋对知识的渴求越来越强烈，他除了读懂背会先生规定的书本以外，还借来《幼学琼林》《水浒传》《三国演义》等书来阅读，使他的视野变得比其他学生要开阔得多，而且善于观察和思考问题。

哈二先生对像马本斋这样的学生，既喜爱，又担心。马本斋不仅能读会写，而且对事物的分析颇有独到的见解，并非人云亦云。

有一次，哈二先生想以作对联的方式考一考马本斋。他先在一张纸上题了上联："两城二塔双河水"，要求马本斋对下联，并半真半假地说："如果对得中，我就以个人的名义推荐你到河间城去升学。"马本斋知道，这位哈二先生平时除了有浓厚的书呆子气以外，还爱信口开河，乱讲胡吹。因此，对他的许愿毫不在意。他把上联仔细地读了几遍，的确是副好联，思索了会儿，拿起笔工工整整地写出了下联："孤村一寺独木桥"。

"先生，写好了。"马本斋双手将填好的下联递了过去。

哈二先生捧起对联，看了许久。

“先生，这联对得行吗？”马本斋又问道。

哈二先生没有立即回答，只是用手扶了扶他那副眼镜腿，叹息道：“哎，像你这样的子弟，教得好是‘才子’，弄不好是‘逆子’啊！”

时间又过去了一年。小学堂新添了十几名穷回民的子弟。马本斋对这些小弟弟很关心，经常帮他们复习功课，给他们讲从书上看来的故事。同学们都喜欢和他一起玩，他自然成了孩子们中间的“头儿”。

有一次期中考试，哈二先生布置学生默写《增广贤文》中的一段话。内容是：“君子固穷，小人穷斯滥矣。贫穷自在，富贵多忧。不以我为德，反以我为仇。宁向直中取，不可曲中求。人无远虑，必有近忧。知我者，谓我心忧；不知我者，谓我何求……”

学生们很快写好了卷子。哈二先生拿着朱笔一份份地批改着。当他改完后，发现了一个奇怪的问题，在这32份卷子中，有21份把原文“贫穷自在，富贵多忧”答成“富贵自在，贫穷多忧”。

哈二先生把朱笔往桌上一扔，喃喃自语：“这不是偶然的巧合，一定有人作乱，真是岂有此理！”

哈二先生并没有把这件事立即声张出去。他想起了去年对对联的事，而且发现这些学生平时最喜欢和马本斋在一起玩，叫学生改章句，很可能就是马本斋干的。

这事的确是受马本斋的影响，同学们自发地做的。前几天，他们的同学、马本斋的好朋友傻六，被黑财主家的大花狗咬伤致死后，他们都十分伤心和难过，马本斋愤愤不平地说道：“这是什么世道，穷人家连饭就吃不上，还被黑财主家的狗欺负，把人都咬死了，他们却逍遥自在、不闻不问，这难道就是先生所讲的‘贫穷自在，富贵多忧’吗？我看完全是‘贫穷多忧，富贵自在！’我们一定为傻六报仇！”

这天，哈二先生把马本斋叫到跟前，拿起这21份卷子让他念。马本斋当然明白是怎么回事，便故意高声朗读着“富贵自在，贫穷多忧”这两句，一连朗读了四五遍。

“马本斋，你为什么要改这两句话？”哈二先生审视着马本斋。

“因为，它说得不公道！”马本斋回答道。

“胡说，这《增广贤文》乃是千古名言，古人章句，岂能有错！”

马本斋站在哈二先生面前：“先生，你说古人章句名言没有错，咱们东辛庄的穷回民，吃不饱、穿不暖的，哪里会‘自在’？再看看哈老板、马少虎这些人，他们餐餐鱼肉不断，粮食吃不完还喂马，多什么忧？再看看被黑财主家大花狗咬死的傻六……先生……”

“住嘴！你别叫我先生，看来，我得叫你先生了！你简直是离经叛道！”

哈二先生恼怒地跳起来：“马本斋！你刚上学时，我还把你当作一块好料，现在，我看你肚子里尽是歪才，看你小小的年纪竟如此大胆放肆，长大了还不要造反？”说完，他气急败坏地抓起一块砚台狠狠摔在地上，黑墨溅了一地！

哈二先生这一招儿，可把马本斋吓坏了。他转身就往外跑，没跑几步，又被哈二先生喊了回去。哈二先生用打手心、跪“圣人”来“教育”

马本斋，并扬言不让他读书，要把他开除，但马本斋性格倔强，依然不肯认错。

这件事，很快传到了马永长和连成婶的耳朵里。连成婶一声不吭，拔腿就往学校里跑。马本斋一看母亲来了，扑在娘怀里哭了起来。平时一直温存善良的母亲，这回确实有点动火，她不客气地对哈二先生说："哈先生，看来我儿子这书没白念，他读了4年书，真正认识了'贫穷'和'富贵'，我这为娘的心愿也达到了，感谢先生的教育！当初，孩子是我领进来的，如今，你既然不喜欢他，我还是把他领回去。"

连成婶看了看地上被砸碎的大砚台，接着又说道："前清年间，你在县衙门当了个芝麻大的官儿，大家念你为人还算清白，才保举你出来为咱穷回民办点事，没想到你还摆出个臭架子，是那些科甲功名糊住了你的眼睛吧！"

"走，这书咱不念了。"

哈二先生用长衫袖子擦了擦额头冒出的冷汗，嘴里念叨着："连成婶，忠言逆耳呀，善哉！善哉！"

马本斋先是愣了一会儿，然后向着哈二先生

鞠了个 90 度的大躬，跟着母亲愤然离去。

马本斋虽然不上学了，但他仍然天天坚持自学习武。每天天不亮就起床练剑，一套剑术动作练完之后，就开始读书。他最喜爱读的是《唐诗三百首》，尤其是王维的《少年行》他最喜欢：

出身仕汉羽林郎，
初随骠骑战渔阳。
孰知不向边庭苦，
纵死犹闻侠骨香。

为学武艺闯沧州

马本斋辍学半年后的一天，突然失踪了。

全家人找遍了大街小巷、池塘、苇丛，连铁匠台也找遍了，就是不见马本斋的踪影。此时，马本斋正急急忙忙地赶着路，他是要去武林古镇、武术之乡——沧州府。

之前，他常听村里白老庭大叔讲，沧州教武术的“把式房”遍及全城，尊师重义、学侠尚武蔚然成风，各地拳师还常到这里拜师访友，因此，沧州府成了武林英豪荟萃之地。马本斋恨透了黑财主，决心到沧州拜师学艺，成为一个杀富济贫、扶危解难的英雄。他怕母亲不让走，就悄悄地积攒了 7 个糠菜窝窝头，装进小干粮袋，带着他那只心爱的鸽子“雪花”偷偷上了路。

他一口气走了 20 多里路，饿了累了，就找棵大树底下歇歇，啃两个糠菜窝窝头后，接着再走，一直走到天黑。晚上，他爬上路边的一棵大树过了一夜，第二天又悄悄地爬上一辆拉棉花的大马车，才到达他神往已久的武术之乡。这时，他从肩上的网兜里掏出那只心爱的鸽子“雪花”，捧在胸前说：“好朋友，这儿离家百十里地，你飞回去给我爹娘送信去吧！”说罢，他一扬手，白鸽子飞上了空中。

马本斋走进沧州古城时，夜幕已经降临了。古老的小城，灯火点点。他顺着大街慢慢地走着，看着，像是走进了另一个世界。一家家店铺，一个个货摊儿，鳞次栉比地排在马路两边，各种各样的小吃散发着诱人的香味儿充满了大街。

他顾不得欣赏，急忙挤出人群，走进一条胡同，一直走到它的尽头。这里有一家人的窗根儿底下，堆着一大垛干草。马本斋心想，这倒是个过夜的好地方。他小心翼翼地把干草扒了个洞，然后钻了进去，把草盖严，立刻感到暖和多了。他在草窝里躺定之后，瞌睡使他渐渐闭上了双眼。

天亮了，这家女人打开屋门，到窗前的干草堆来抱草烧早饭。她刚弯下腰，就发现露在草外的一只脚。

“哎呀！吓死人啦！草堆里咋躺着个人？”屋里的男人听到女人的叫喊声，连忙跑了出来，弯腰一看：

“噢，是个孩子呀！”

睡得正甜的马本斋，被这尖叫声吓醒了。他急忙从草堆里钻出来，不好意思地拔腿就要走。刚一迈步，又收住了脚步，于是转回身来，上下打量起站在草堆旁边的那个穿长衫的男人。

“孩子，你干吗这么看着我，你认识我？”穿长衫的男人问道。

“不，不认识你。”马本斋被问得害羞了。

“你饿了吧？”穿长衫的男人关切地问。

马本斋故意挺起腰杆儿，说：“不，不饿！”

穿长衫的男人被马本斋的样子给逗笑了：“你这孩子，还真有点儿挺劲儿。告诉你吧，我是小学教师，专门会猜孩子的心思。你看，你饿得那个样，还说谎呢，哈哈！”

马本斋也不好意思地笑了。

这时，这家的小孩也从屋里跑出来，拉住马本斋的手说：“大哥哥，我叫小海，走吧，到我家吃饭吧。”

马本斋的眼圈湿润了，天底下竟然还有这样的好心人。他抹了一把眼睛，跟随主人走进了暖烘烘的屋子。

吃饭时，那教师问道：“孩子，你是哪儿的人呀？”

“东辛庄。”

“来沧州找谁呀？”

马本斋被这一家子的热情所感动，便说了实

情："我是偷着从家里跑出来访师学艺的，大叔，你知道哪家武术馆好？"

老师被马本斋的话感动了，不由得又上下打量了一番马本斋，心中暗暗佩服，说："好孩子，你还真有点儿雄心壮志。不过，你听说的那些江湖英雄、侠客义士，济困扶危、抱打不平的义举，都是善良人们所盼望的，只不过都是些传说。侠客义士古往今来也有，但是很少，而且凭他的武艺和宝剑也救不了穷人！"

马本斋有些失望地追问道："大叔，你说，为什么救不了穷人？

老师沉默了一会儿，说："孩子，你还小，很多事情你不懂，等你长大就知道了。吃完饭，我劝你赶快回家吧，你想想，你爹和你娘，找不到你，在家该有多着急呀！"

马本斋怀着将信将疑的心情，告别了这个好心的人家，来到沧州大街上，继续寻找绿林好汉、武林拳师。他东奔西走，走街串巷，可连个拳师的影子也没有见到。怎么办？到哪去？他又一转念，既然来沧州一趟也不能白来，去看看早就听说过的沧州“铁狮子”再回家也值得。于是，他向城东关的铁狮子走去。

马本斋走到东关，来到了神奇的大铁狮子面前。

“嗬！好大的铁狮子呀！”马本斋把头仰得老高老高的，才看清了铁狮子的全貌。

铁狮子身长足有一丈八九，高一丈五六，昂首怒目，威风凛凛，张着巨大的口，好像在冲天长吼。马本斋围着铁狮子看得正出神，忽然有人拍了一下他的肩膀，回头一看，是个陌生人。这人身穿黑色长衫，头戴一顶礼帽，瘦长脸，尖鼻子，嘴角边长了一颗大黑痣。马本斋正在纳闷，瘦长脸说话了：

“小伙子，是外地人吧？”

“你怎么知道我是外地人？”马本斋不解地问。

“本地人谁没有见过铁狮子，哪有你这样看狮子的。”

“算是让你猜对啦，看完铁狮子我就回家啦。”

“回家，肚子里没有食儿你走得回去吗？”

一句话提醒了马本斋。他想，是呀，饿着肚子，路上又没有干粮，怎么回去呢？

瘦长脸哈哈一笑说："小老弟，你到我那儿去，干一天活，落 5 个铜子儿，除了吃饭，还可以省下 3 个铜子儿，干两天就是 6 个铜子儿。吃饱了肚子，有了钱带回家去，爹娘一定会很高兴，怎么样？"

马本斋心想又碰上好心人了，说："行，我跟你去干两天活，然后回家。"

瘦长脸带着马本斋转了一大圈儿来到了一个深宅大院里。马本斋哪里想得到，他已落入人贩子手里了。

自从马本斋失踪以后，整整两天过去了，母亲急得睡不着觉，吃不下饭。她坐在院子里的老椿树下，望着天空，忽然，喊叫起来："本斋他爹，快来看呀，丢了两天的'雪花'飞回来啦！"

"是吗？"马永长连忙跑了出来，抬头一看，果然是"雪花"飞回来了。它落在屋檐上，和"雨点""银翅"亲热地挤在一起，"呜嘟、呜嘟"地叫个不停。

"你看！'雪花'的腿上还绑着纸筒呢！"

马永长"咕嘟咕嘟"叫了两声，"雪花"展翅飞了下来，落在了他的肩膀上。他伸手捉住鸽子，把腿上的纸筒解下来，打开一看，只见上面写着：“爹、娘，我已来到沧州府，请二老放心。”

母亲听后，心上的千斤重石一下子落了下来，她对丈夫说：“孩子有了下落，我去准备干粮，你快点动身去沧州把孩子找回来吧！”

“好，我这就动身！”

马永长日夜兼程、马不停蹄，第二天中午就赶到了沧州府。他看着这大街小巷犯愁了，到哪儿去找呢？他像老牛耕地一样，一条条街、一个个胡同挨个寻找，见人就问，结果连儿子的影子也没有找见。当他拖着疲惫的双腿来到铁狮子旁边时，累得实在走不动了，于是找了片树荫，坐下来休息。他想抽一袋烟，一摸兜里没有装火石，就向旁边坐着的一位老头儿借个火，并打听儿子的下落。

老头听说是找孩子，忽然一拍大腿，急忙说：“你找的这个孩子，昨天就是在这铁狮子旁，被一个人贩子骗走啦！”

马永长一听，吓得浑身颤抖起来：“老大爷，你怎么知道的呀？”

“我没有事，就坐在这儿歇着。昨天上午我看见那孩子一个人正围着铁狮子看得出神，后来一个穿长衫的瘦长脸把他领走啦。人们私下里传说瘦长脸是个人贩子，专门骗小孩卖到天津当童工！”

豆大的汗珠从马永长的脸上滚落下来，他急得真不知如何是好：“那，那，那该怎么办呀？！”

老头同情地说：“你这会儿，赶紧去火车站，兴许还能碰上。”

马永长听罢，撒开腿拼命地向火车站跑去。

这时的马本斋和被骗来的 20 多个孩子，关在一座深宅大院的小西屋里。门上锁着一把大铁锁，窗户用铁棍儿钉住。马本斋站在铁窗前，凝视着外面。此时已感觉到被骗了，心想着怎样尽快逃离。

“哗啦啦……”屋门突然打开了。瘦长脸手里拿着一根棍子，走了进来：“小崽子们，光吃饭不干活儿可不行，我的钱也不是白来的。出去，到院子里去搬箱子！”

马本斋趁搬箱子的工夫，乘人不注意时，“嗖”地一下钻进了马车上的一个包装箱内藏了起来，不一会就被马车拉出了那个大院子。马车在坑坑洼洼的土路上走了一阵子，他听外面没什么动静了，就钻出箱子，跳下车，撒腿就跑。

马永长找儿子心切，一口气跑到了简陋杂乱的火车站。他拖着疲惫的双腿来到站台边，眼看着一列火车喘着粗气开走了。

马永长又跑到候车室，见到一位穿铁路制服的工人，小心翼翼地上前问道："先生，您看没看到一群孩子上火车？"

铁路工人一指远去的火车："那不，就坐那趟列车去天津了。"

马永长一听，"哇"的一声蹲在地上大哭起来："我的儿啊，我的儿子被人贩子骗走啦，这可怎么办哟！"

候车的人们，见马永长哭得那么伤心，都围上来问长问短。

马本斋跑着跑着，不知怎么也来到了火车站。当他走进候车室时，见一大群人围着什么在看热闹，便三步并作两步赶过去想看个究竟。刚挤到跟前，就听到里面说话的声音很熟悉，他拨开人群一看，不由得愣住了，这不是爹吗？他一下子扑了过去："爹！"

02 社会大课堂

北京城见闻

1918年，河间发生了一场特大的洪涝灾害。子牙河的洪水波涛滚滚，席卷着田野、村庄。洪水过后，子牙河两岸一片凄凉。灾民们纷纷背井离乡，出外谋生。由于生活所迫，马本斋也只好跟着父亲出去找活路。

初秋，瑟瑟的寒风，吹动着子牙河边被洪水泡黄了的芦苇。父亲马永长肩挑一担土筐，土筐的一头放着一床破棉被和几件破麻袋片儿，另一头放着两只粗瓷大碗和一只鸽笼，那是马本斋心爱的3只鸽子。马本斋左胳膊挟着一件破棉袄，右手拿着一根枣木棍子，这就是他们外出逃荒的全部家当。

母亲抹着泪将父子俩送出村好远了，还是不肯回去。

马本斋停住脚步回身对娘说：“娘，离村这么远了，你回去吧，大哥和三弟在家该不放心啦。”

母亲从怀里拿出一个蓝布小包递给本斋：“孩子，这是你最喜欢的书，带上它，遇到难处就读读！”原来是马本斋小时读过的那部《说岳全传》。

马本斋激动地接过书：“娘，您放心吧，我绝不给咱穷回民丢脸的！等我在外面挣了钱，全都捎回来给你们过日子。”

母亲给本斋正了正帽子，关心地说：“好，你们快赶路吧，天不早了。”

马永长父子俩出河间，过任丘，日行夜宿，来到了卢沟桥。父亲对筋疲力尽的儿子说：“本斋，这就是故事里常说的卢沟桥。”

马本斋走到桥头，好奇地抚摸着桥栏杆上面的石狮子，仔细看着这座有几百年古老传说的大桥。他顺着栏杆，走到“卢沟晓月”的石亭旁，望着远处的北京城门楼子，说：“爹，都说北京城是皇上住过的地方，进了北京，我们好好逛逛，去看看皇上住过的金銮殿。”

马永长见儿子这样高兴，顿时也觉轻松多了。他说：“你小子真有心劲儿，好，咱们痛痛快快地逛逛北京城。”

马本斋高兴地顺手掏出最后一只鸽子“银翅”，说：“在河间咱们放回了‘雪花’，在任丘放回了‘雨点’，在卢沟桥上咱把‘银翅’放回去，俺娘看到了鸽子，一定会高兴，知道咱们一路平安！”

“银翅”展翅飞向空中，随后，它在空中围着他俩绕了一个圈子后，径直向正南方向飞去……

马永长父子二人一进北京城，就打听清真寺。一位拉洋车的车夫告诉他们，出了宣武门，往西一拐，到牛街就有了。他们好不容易找到了牛街清真寺，正要进去做主麻日（伊斯兰教聚礼日），谁知那些有钱的人，看到马永长父子衣服破烂，根本不让他们进入清真寺的大门。

父子二人只好流浪在北京街头。他们走出牛街北口，往东一拐便是菜市口。正逢热闹的时刻，来来往往的大都是些忙忙碌碌的穷人，一个个衣衫褴褛、面呈菜色。有的挑着箩筐叫卖青菜，有的像唱歌儿一样高喊着卖布头，也有的在用可怜的几个铜板买供菩萨用的香蜡纸马……

一个算命的先生嘴里不停地喊着："人称小诸葛，算命批八字！男求家财旺运，女求儿女双全……"算命先生伸手拉住了从身边走过的马永长，"老哥，算一卦吧，这里有你们父子俩一卦。"说着，算命先生指着马本斋说："这小伙子长得多好，天庭饱满，地阁方圆，算一卦吧！"

马永长向算命先生点了点头："先生，我们出门逃荒的，哪儿还有钱算卦，唉！"领着本斋朝宣武门方向走去。

马本斋低着头，默默跟着父亲朝前走着。高大的宣武门，远远望去，就像是张开了血盆大口，要吞掉他们父子俩……进北京头一遭，就让马本斋感到愤愤不平。他原以为来到皇城古都，日子会好混一些。可是，映入他眼帘的除了金碧辉煌的古老建筑外，就是成千上万的无家可归的穷人，他们露宿街头，啼饥号寒。"天底下的穷人都一样苦哇！"这就是马本斋走出家门后的第一个印象。

天渐渐黑了下来，马本斋父子俩就栖身在宣武门楼子的门洞里。每逢这个时候，成群的乞丐和无家可归的人们，都来到这里“投宿”。

第二天，他们又顺着西单大街往北走，走了一阵，绕过西四牌楼，流浪到阜成门内的白塔寺。马本斋看着这个像葫芦似的大白塔，感到非常新奇。

就在这时，“咚咚咚……”一阵沉雷般的鼓声骤然响起，震得人心里打战。马本斋急忙举目向西四牌楼方向望去，只见隐隐出现了几辆囚车，囚车两旁有很多兵卒围护着，缓缓行进。待囚车走近时，第一辆囚车上，昂然站着一位五花大绑的大汉，那人目光炯炯，泰然四顾，毫无惧色。

马本斋回头低声问身边的老人：“老大爷，囚车上那人是谁呀？”

“唉，听说是位杀富济贫的英雄，因为暗杀官府的人没有成功，被人家捉拿归案了！”

听完老人的话，马本斋不由得向囚车投去钦佩的目光，忽然又想起母亲给他讲的“铁匠台”的故事，这位杀富济贫的英雄好汉，就是和老铁匠一样的人吧！

马本斋再次把目光投向囚车，囚犯背后的“招子”上写着“大逆不道犯 ×××”，名字上用红笔刚刚勾过，墨迹淋漓，一滴滴，一道道，像是泛着鲜血……刽子手们身披红彩，右手提着一把鬼头刀，凶神恶煞，如牛头马面一般。

囚车上的人，看着路边为他送行的人群，高声喊道：“老少爷们，父老兄弟们，再见啦！20 年之后，咱又是一条汉子！”他声音洪亮，坦然自若。

囚车缓缓向阜成门外驶去……

眼前的这一切，让马本斋的心情更加沉重。过了好一会儿，他对爹说：“爹，咱们走吧，我不愿在北京待了。”

“也好，这地方实在让人担惊受怕，咱们闯口外去！”

父子二人出了德胜门，过了南口，穿过昌平镇，便是闻名中外的八达岭。

马本斋从小就听说过“孟姜女哭长城”的故事，但想象不出长城有多高、多大、多长。此刻，故事中的长城真的出现在他的眼前了。落日前的古长城，古朴浑然，气势磅礴，庄严雄伟。斜阳映照，千山万壑，郁郁葱葱，长城如带，垛堞相望。马本斋扔下铺盖卷儿，如同一只小山鹰，展翅向山上“飞”去。他站在高高的城堡上，心胸感到无比的开阔。他望着那“秦时明月汉时关”的遗迹，怎么也按捺不住自己激动的心潮，于是他站在长城的垛口上，高声朗诵起他所心爱的那首唐诗：

出身仕汉羽林郎，
初随骠骑战渔阳。
孰知不向边庭苦，
纵死犹闻侠骨香。

张家口历险

马本斋跟着父亲经过半个月的奔波，来到了塞外边城张家口。这里是回民聚集的地方，流传着这样一句俗语：“穷回回，干三行，烧饼、果子、宰牛羊。”马永长父子在穷回民乡亲们的帮助下，在上埠营城子辘轤把胡同开了一个名叫“永庆奎”的小果子铺。马永长学过炸果子的手艺，出锅的果子色好味香。小铺一开张，就很受当地人的喜欢。

每天，父子俩都是早早地开始准备一天要卖的果子，父亲不停地炸，本斋就把炸好的果子装满篮子，出去叫卖。

一天，马本斋来到关帝庙前卖果子，叫卖了好半天，才卖出 5 个铜子儿。今天的生意特别不好，但他还是想在这里多转一会儿。当他来到关帝庙前的石狮子旁时，忽然传来一个小女孩微弱的哭泣声：“爷爷，我饿，我饿……”

马本斋回头一看，见石狮子旁蹲着一个瞎老人和一个小姑娘。小姑娘骨瘦如柴，头上的小辫上插着一根卖身的草标。

马本斋看着这一老一小，不由得一阵心酸，泪水夺眶而出。他走过去，从篮子里拿出几根果子递给了小女孩，又从兜里掏出那仅有的 5 个铜子儿，递到瑟瑟发抖的瞎老人手里。

“老大爷，你快领着小妹妹走吧，亲骨肉怎么能卖呢！”

瞎老人感激涕零地抬手摸着小女孩的头：“孩子，快给善人叩头！”

小女孩捧着果子，“扑通”一声跪下，连忙叩起头来。马本斋急忙拦住小女孩，说：“小妹妹，不要这样，我也是穷人呵！”

就在这时，张家口有名的大皮货庄“德正楼”的管家杨赶刀走了过来，见了马本斋讥讽道：“嘿嘿，善心还真不小呢！”

杨赶刀指着小女孩说，这个我买了。他也不问价钱，扔给瞎老人 10 个铜子儿，拉起小女孩就要走。小女孩哭喊着：“爷爷，我不去，爷爷，我不去呀……”

这哭声像刀子扎在马本斋的心上。他再也看不下去了，一步跨过去，挡住了杨赶刀。

“杨先生，办事要凭良心，10 个铜子儿就要买一个人？两根果子还值一个铜子儿呢！”

杨赶刀先是一愣，然后嘿嘿一笑：“你可真是狗拿耗子多管闲事！”

“欺侮人我就要管！”马本斋当仁不让地说道。

杨赶刀根本没把马本斋放在眼里，毫不理会地领着小女孩就要离开。

马本斋上前挡着说道："不能走，想欺侮穷人，办不到！"

杨赶刀捋着山羊胡子，三角眼一转，恶狠狠地说："你不打听打听，我姓杨的在这里有什么办不到的。"说着就想教训马本斋。

这时，一个高个子巡警走到杨赶刀面前："这位先生，做买卖也得讲个公道吧？"高个子巡警死死盯着杨赶刀，也不时地看看马本斋，他已在暗中观察马本斋好多回了。

杨赶刀见有这么多人来给他捣乱，心里很是不爽。转过身来说道："好，你们等着，后会有期！"悻悻离去。

这事儿过后，马本斋又在周围叫卖了一阵，人越来越少，他就把剩下的果子都送给了小女孩和瞎老人，提着空篮子就往回走。忽然一道闪电，一场暴风雨迎面而来。他加快了脚步，穿过小街，跑进一个胡同，在一家门楼下停了下来。

突然，一件雨衣披在了他的身上。回头一看，

“啊！”是关帝庙前那位高个子巡警。马本斋急忙推开雨衣，往巡警怀里一塞，抬腿就要跑。

高个子巡警一把抓住马本斋。马本斋挣开巡警的手，警觉地上下打量了一番，说：“要抓就抓吧！”

高个子巡警微微一笑说：“不是抓你，我是想和你交个朋友。”

“和我？交朋友？”马本斋半信半疑。

“你是巡警！”

“巡警难道都是坏人？”

不一会儿，雨停了，马本斋紧张的神色也消失了。他问道：“先生，你贵姓？啥大号？”

“我可不是什么先生，姓刘，名叫沛然。你要是愿意的话，就叫我刘大哥吧！”

“好，刘大哥！”两人开怀地笑了起来。

自从马本斋在关帝庙前把杨赶刀买小女孩的事给搅黄了之后，巡警刘沛然记住了这个仗义行事的马本斋。恶棍杨赶刀对马本斋也怀恨在心，一直想找个碴儿把马本斋制伏。这一天，他趁马本斋不在家，来到了“永庆奎”果子铺，对站在一旁的马永长说：

“马老大，过两天，是我们东家六十大寿，他老人家指名让你炸 100 斤面的果子，明早就来提货。”

“100 斤！”马永长吃惊地央告道，“杨先生，甭说 100 斤，就是 30 斤也忙不出来哟！”

“怎么，做买卖还怕大肚汉？”

“不，不，我们没那个福分。”

杨赶刀把眼一瞪：“有福不享怪谁呀！”

马永长无可奈何地说：“杨先生，你过去吃的果子就算是孝敬你老啦，我们是小本小利，这 100 斤，如不是现钱我们就做不出来……”杨赶刀“嘿嘿”一笑，转过身来说：“马老大，这筐归筐，篓归篓。今天说的事儿就这么定了，早些准备，明早来提货，没有就小心点！”说完扬长而去。

第二天一大早，杨赶刀就带着两个狗腿子打手来到果子铺，对正在忙碌的马永长说：“我是言而有信的哟，昨天说好今早来提货的！”

老实巴交的马永长，见此情景，只好央求道：“杨先生，你老高抬贵手。”他指着炸好的果子说：

“100 斤面的果子实在炸不出来呀。这是炸好的 20 斤面的果子，您凑合着拿走吧。”

“马老大，我定的是 100 斤，你给我 20 斤。这样吧，我先把这 20 斤拿走，你今天赶快凑齐 100 斤。”说着，他使了个眼色，两个打手提着筐子就往外走。

马永长这下可着了急：“杨先生，杨先生，你高抬贵手，可不能砸我们的饭碗，得给我们一条活路呀！”

正在后院练功的马本斋听到吵闹声，连忙跑过来，他跨前一步堵在杨赶刀面前，问道：“你买东西为啥不给钱？”

“你们可真是个死心眼儿，我不是说了吗？凑齐 100 斤一块给钱吗！”

人被逼得没活路了，再老实的人也会发出呐喊。此刻，马永长变得像头要发怒的狮子：“杨先生，你可不能太欺侮人喽！”

“少废话！”杨赶刀向打手一扬手，“走！”

马永长气得浑身打哆嗦，大声吼道：“给我打他狗日的！”

“好嘞！”马本斋如下山的猛虎，一个箭步蹿上去，来了个猛虎扑食，一把揪住杨赶刀的脖领子，飞起一脚踢去。

杨赶刀“哎哟”一声趴倒在地。随后，马本斋抢过打手们手里的果子筐，扣在杨赶刀的头上，骂道：“狗东西，我让你吃个够！”

两个打手见此情景，急忙向马本斋扑来。他们哪是马本斋的对手，只见马本斋左右开弓，三下两下将他们打得鬼哭狼嚎。

杨赶刀逃回德正楼，狼狈地站在东家陈老爷面前。东家看着杨赶刀这副模样，骂道：“废物，竟然被一个穷小子打了，亏你有脸来见我。”

“陈老爷，他是回，回民……”

陈老爷把水烟袋往桌子上一摔：“是回民又怎么啦，他长着三头六臂？”

“不，不，不是，回民身体好，这小子还会武功，真难对付。”

陈老爷生气地站起身来，在屋子里踱着步子：“哼，打狗还要看主人嘛，竟然打到我德正楼的头上来啦，听着！”

果子

“是！”杨赶刀感到报仇的机会到了。

“拿我的名片，去巡警局见王局长，就说他要的那批皮货到了。”说着，他白了杨赶刀一眼，“懂我的意思吗？”

“懂，懂，小的明白，请王局长派几位弟兄把马氏父子抓起来。”

“告诉王局长，做得巧妙点，免得弄得满城风雨，有损我德正楼的名誉。”

“是，是，是。”杨赶刀转身溜走了。

捉拿马氏父子的消息被巡警刘沛然知道了，他就是要去捉拿的人之一。情况紧急，他不能让这个仗义行事的朋友遭毒手。于是，他借机溜出巡警局，急急忙忙跑到“永庆奎”果子铺，见到马本斋，将情况作了说明。他说：“本斋，看来，张家口不能再待了，你们得赶快离开”。

“那你怎么办？”本斋问。

“我早已不想干了”刘沛然愤愤说道。

最后三人商量，马永长先回老家，马本斋跟刘沛然到内蒙古去闯练闯练。他们简单地收拾了一点行装，立即分头上路了。

03 上下求索

十年从军路

马本斋和刘沛然来到内蒙古呼和浩特大草原，给一家牧主人放马。在这辽阔的大草原上，经过一年多的历练，马本斋练就了一身骑马、套马的绝技，已出息成呼和浩特草原上的一只雄鹰，很受牧主人的赏识。一天，马本斋巧遇前来牧主人这里采购皮货的杨赶刀，仇人相见，分外红眼，于是借机杀掉了杨赶刀。二人又流落到白山黑水间。他们在林海雪原上扛大木，赶爬犁，修铁路，饱尝了人世间的艰辛。

1921 年，经朋友介绍，他们加入到了奉系张作霖所属的张宗昌的部队。当兵的第一天，马本斋就领到一支步枪，他左右端详，不时用手摸摸，爱得不得了。经历了几年的闯荡和生活的磨难之后，他想起了刘沛然大哥说的话，手里有了这家伙，有钱人就不敢欺负咱们了。他得空就把枪擦得油光闪亮，一天三操两讲枪不离身，时常琢磨射击要领，每个射击动作别人做一遍他就练十几遍，直到运用自如为止。

当兵不久，就赶上了部队大搞“越冬野练”。风雪严寒的东北大地，土地冻得像铁板一样，马本斋爬冰卧雪，一练就是几个钟头。他的枪法越练越准，白天，他能打掉挂在树杈上的一串串冰凌；晚上，能摸黑打掉朵朵灯花。马本斋粗通文墨，这在当时绝大多士兵都是目不识丁的军队来说，是不可多得的宝贝，加之他的军事技术过硬、为人亲和坦诚，野练结束之后，马本斋就被提升为5连2班班长。刘沛然是5连的副连长。

转眼一年多过去了，这年初秋的一天，连长把马本斋叫到连部说：“上面要筹粮，团部命令我们去运粮食。今天下午，你带2班去豹子沟吃大户。”

“是！一定完成任务！”

吃过中午饭，马本斋套上连里的两辆胶轮大车，把鞭子一甩，带着全班弟兄：“走，咱们吃大户去！”

豹子沟在部队驻地的东南面，是一个 2000 来户人家的大村庄，有钱的财主不下 10 户。马本斋所在部队的粮食供养，多半是由本地有钱财主摊派，他们管这个叫“吃大户”。

马本斋领着大伙来到豹子沟的一座青砖大院，找来财主说明来意，并耐心细致地向他讲清道理，陈明利弊，最后征得同意，打开粮仓，装了满满两大车粮食。今天的征粮任务完成得特别顺利，马本斋高兴地带着士兵赶回驻地。

天近黄昏，当他们走到半道路过一个叫黑土屯的村子时，马本斋前后观察，没有发现其他人，便悄悄地对弟兄们说：“你们听我的，把车赶进黑土屯去！”进了村，他悄悄将其中一车粮食分给了穷苦百姓。

这件事，5 连连长开始并不知道，觉得这个 2 班长，一出去就搞到一车粮食，任务完成得还不错。但是，一个星期之后，给老百姓分粮食这件事还是被连队知道了。一些军官认为，马本斋这样做是吃里爬外，破坏了粮饷纪律，应当军法从事。但有的军官也说，马本斋的行为是狗撵鸭子——呱呱叫，分点粮食给穷人没啥不对。连长心里自有一杆秤，但他还是在全连面前吹胡子瞪眼睛，训斥了马本斋一顿，这件事就这样过去了。

一天，马本斋正在擦拭他心爱的枪支，刘连副笑呵呵地走来："哈哈，老弟，我就知道你在摆弄这宝贝儿。祝贺你啰，福星高照，双喜临门呀！"

马本斋见是刘沛然，便急忙站起身来，笑着说："我的刘大哥，你别开玩笑了，这次没关我禁闭就算恩典了，还有什么可祝贺的？"马本斋知道，他那次把粮食分给穷人而没有受到军纪惩罚，是刘大哥在暗中帮了很大的忙。

刘沛然看到马本斋拘束的表情，一把将他拉到身边说："我的好兄弟，咱们从当兵那天起，就发誓要为实现'五族共和'这个伟大的目标而奋斗，直至肝脑涂地。如今咱们中国是国不成国，民不聊生，社会风气颓靡，咱们拿枪杆子的就应当为国为民，拯救百姓于水火。依我看，你上次分粮给穷人做得对，干得好。只是今后要小心，这是部队，违反军纪可不是闹着玩的呀！好了，言归正传，我现在向你通报两个好消息：你当班长以来，手勤、脚勤、心正，团部决定提升你为排长；你脑子灵，有文化，有见识，堪造就，大家认为你是一个人才，上面决定推荐你到讲武堂去练达练达。”

刘沛然说到这里，轻轻地在马本斋背后捅了一拳，“老弟，你说说，这叫不叫双喜临门？”

这时，刘沛然还告诉他，3 营长、5 连长都是从那里毕业的，还有他的叔叔、张宗昌的部下刘珍年师长也是从那个军官学堂步兵科毕业的。这个东北讲武堂是人才济济的地方……

几天之后，马本斋就正式接到去东北讲武堂学习的通知。

1922 年秋，马本斋告别了刘沛然，告别了和他朝夕相处的士兵们，开启了他人生新的征程。

他独自坐在开往沈阳的火车上，凝视着窗外，思绪随着飞快掠过的森林、河流、山川，久久不能平静。自己虽然年轻，但经历过的许多事情使他变得更加成熟起来。尤其是从军以来，似乎离自己追求的人生目标更近了。有次听团部教官来讲课：我们穿上军装，拿起枪杆子为的是什么？为的就是救国救民，为的就是实现汉、满、蒙、回、藏五族共和……这些话都说到他心坎里去了！他按照教官讲的话去做，练兵时严格要求，从不马虎；干活时埋头苦干，从不偷懒；对待士兵亲如兄弟，他与弟兄们结下了深厚的情谊。如今，就要到讲武堂去深造了，一定要珍惜这次学习机会。

火车几声长鸣，打断了马本斋的思绪。

马本斋出了沈阳火车站，来到一个叫东山嘴子的地方。这里就是东北讲武堂的所在地，也就是东北军常讲的“北大营”。

马本斋被编入第三期学员班。上课的第一天，一名教官手执教鞭，夹着皮包，板着脸孔走进课堂，学员们“叭”的一声，齐刷刷地站立起来。“坐下！”教官的口令干脆有力。接着，他转身在黑板上写下“兵器学概述”几个大字。这就是今天所要学习的课程。

教官讲得通俗易懂，学员们听得认真仔细。这样的学习对马本斋来说，既新鲜又有趣。开始时，他还感到有些吃力，毕竟，他只上过几年的小学堂，与其他高官和富家子弟相比还是有很大差距的。

教官所讲的内容，马本斋恨不得用铅笔一字不落地全记在本子上。下课的钟声过后，教官夹着皮包离开了教室，学员们也三两成群地走出去了。马本斋站起身来，活动了几下胳膊腿，又坐回原位，检查自己的笔记。

经过一段时间和同学们的相处，马本斋才了解到：能进讲武堂来的，大部分都是权贵子弟，而像他这样由部队直接保送而来、家境贫寒的小排长寥寥无几。因此，他更是倍加珍惜。

冬去春来，讲武堂庭前的杨柳吐出了新芽，古老的槐树又焕发出了青春。在这春光明媚的时节，讲武堂里血气方刚的学员更增添了青春的活力。一些胸怀大志的青年，总喜欢找马本斋畅谈自己的伟大抱负，马本斋也十分虚心地向一些学问比自己深、阅历比自己广的同学请教。他的人际关系很好，同学们大都喜欢与他交往。

每逢休息日，别的同学都串门、打牌、喝酒去了，马本斋却利用这难得的宝贵时间，在校园的大柳树下聚精会神地研读《兵器学》《战术概则》《论带兵法》等。他把能借到的书都看了个遍，看的书越多，就越感到不满足。讲武堂规定的学习课程，他都读得滚瓜烂熟；兵器操练，练得得心应手，每项科目考核都取得了优异的成绩。

1924 年 9 月，马本斋在讲武堂学习两年毕业，因成绩优秀，毕业时被提升为连长。

当他满怀信心地回到部队时，时局已发生了很大的变化。他一直思念的、过去对他指导和帮助最大的刘沛然大哥不见了。从熟人那里得知，说刘沛然是“激进派的代表人物，是有碍军心稳定的嫌疑分子”，被秘密逮捕后下落不明了。马本斋怎么也想不通：刘大哥为人正直，爱国爱民，对祖国前途忧心忡忡，对“五族共和”抱有极大信心，这样的人怎么会犯罪呢？他本想从讲武堂回来，与刘大哥一起好好地大干一番事业的，不料竟遭遇到这样的下场！他心里又气愤，又难过。

此时，正值奉系军阀张作霖与直系军阀吴佩孚为争夺北京政权的第二次“直奉战争”爆发，一共打了 50 多天，最后以直系军阀吴佩孚南逃和奉系军阀张作霖挥军进入北京、实际控制北京政权而告结束。张作霖即派部下张宗昌出任山东军务督办，7 月兼任山东省省长，次年任直鲁联军总司令。

1926 年，国民革命军北伐，连续打垮吴佩孚、孙传芳这些老牌军阀后，蒋介石又联合冯玉祥和阎锡山，把矛头指向北伐的最后敌手奉军张作霖。由于战争残酷激烈，奉军所部枪支弹药消耗大，各部队都加强了运输力量，马本斋被任命为担负后勤运输的“杠子营”营长。

跟随张宗昌多年的刘珍年，也转移到胶东，马本斋的“杠子营”随之到了胶东莱阳，归刘珍年节制。

1928 年 8 月，张宗昌被蒋介石的北伐军击败，兵败下野后被赶出山东，刘珍年乘机脱离张部，割据胶东。

被赶下台的张宗昌，带着他的心腹褚玉璞潜

逃到大连，后与日本军阀勾结，妄图卷土重来。不久，他们从大连乘船到胶东龙口登岸，以金钱、升官为手段，收买、纠集胶东的一些军阀残余，前来攻打刘珍年。这样，原来是刘珍年顶头上司的张宗昌，现在却成了他的敌人。

张宗昌、褚玉璞一登陆上岸，就轻松占领了牟平县城。刘珍年率部从烟台前来反攻，他们打了3天也没有攻下城池。正当刘珍年一筹莫展时，“杠子营”营长马本斋求见。

“师长，部下有言奉告。”

刘珍年急切地问：“你有何高见？”

“据我对牟平城守备情况的分析，此城不能硬攻，只可智取！”马本斋说。

“好，事不宜迟。我给你两个营的兵力，你给我攻下西门！”

马本斋带领两个营，巧妙地运用强攻和奇袭相结合的办法，很快越过县城外的护城河，一举攻破县城西门。打开城门后，马本斋带领部队长驱直入，直捣敌军司令部。张宗昌在慌乱中逃跑，褚玉璞当场被活捉。

战斗结束后，马本斋来到刘珍年的指挥部，将一把“七星剑”捧上说：“师长，褚玉璞已被捆起来了，这件宝贝是从他手里夺过来的。”

刘珍年看着这把难得的宝剑，握着马本斋的手说：“马营长，了不起！了不起！你为胶东军民立了战功，我任命你为团长。”

收复了牟平，稳住了胶东的局势。刘珍年率部回师烟台后，在海岸街的“蓬莱春”大摆庆功宴。在灯红酒绿的宴席上，马本斋虽被提升为团长，但心里怎么也高兴不起来，眼前的一切常常使他困惑不已，自己所追求的理想似乎变得越来越渺茫。他从进入兵营的那天起，就是为着实现“五族共和”、为着“民众自由幸福”奋斗而来，可现实呢？他所到之处，各方“司令”盘踞要津，大大小小的“土皇帝”多如牛毛，把整个中国弄得四分五裂，支离破碎，共和何有？他耳闻目睹的都是军阀、政客、官僚，豺狼当道，作威作福；豪绅、恶霸、会党，横行乡里，鱼肉百姓；人民处于水深火热之中，自由幸福何有？特别是近几年来，一场又一场的军阀混战，今天打这个，明天打那个，打来打去，不是为这个就是为那个“司令”争地盘，替少数人谋权力和地位，到头来遭殃的还是中国千千万万的穷苦百姓！马本斋认识到：为美好的“五族共和”而战，为穷苦的回民求生存、谋幸福的理想而战，完全是一种幻想！

宴会结束后，马本斋走出了“蓬莱春”，独自漫步在海滩上。此时，茫茫大海显得格外宁静，对面的芝罘岛和崆峒岛在暮色中影影绰绰的，只有时不时传来海浪拍打礁石的声音，与马本斋的思绪偶尔形成共鸣，他想家了……

马本斋下意识地转过身向西边望去。啊！故乡，久别的故乡就在那个方向。飞鸟都知道寻踪迹飞回旧地，更何况漂泊在东海，曾立志为穷回民争气的游子呢！他用手拍打着身边的礁石，不禁地吟起一首唐诗来：

四月南风大麦黄，
枣花未落桐叶长。
青山朝别暮还见，
嘶马出门思旧乡。

他沿着海滨走着，对海自叹自语：“我出来闯荡了10年，整整10个寒暑过去了，可是穷苦人还是受穷受欺压，国家仍然处于四分五裂，黎民百姓苦不堪言，唉！”

1929年5月，自成体系的刘珍年接受蒋介石任命，任独立21师师长，马本斋任该师第4团团长。

刘珍年所部并非蒋介石嫡系，部队中有不少是共产党员。李楚离、曾希圣、张霖之等都曾在该部任职，刘珍年的胞弟、政治处处长刘锡九也是中共地下党员。马本斋就是在这里开始与共产党员和进步分子接触的，并通过这些人阅读到了许多进步书籍，了解到在中国这块土地上，尚有真心实意为穷苦人谋利益的党派和军队。马本斋萌发了跟着共产党进行革命的思想。

1930年，由于21师内部有人向蒋介石告密，刘珍年只得将已暴露身份的中共党员和进步分子“礼送出境”，马本斋同共产党人的联系因此而中断。

1931年，日本关东军发动九一八事变，不到半年便侵占了东北全境。东北军执行蒋介石“绝对不抵抗”的密令，大多不战自溃撤到关内，把东北的父老乡亲置于日军的铁蹄之下。马本斋闻讯满腔怒火，义愤填膺，当即向上司请战，要求率部北上抗日，以身报国。

当时，蒋介石制定了“攘外必先安内”政策，正忙于“围剿”红军；山东的韩复榘、刘珍年均各怀鬼胎，只图自保。在这样的情况下，马本斋的慷慨义举招致了上司的蛮横训斥。

眼看着祖国的大好河山一步步沦落敌手，作为军人却报国无门，马本斋忧心如焚，感慨万千，当即赋诗言志：

风云多变山河愁，
雁叫霜天又一秋。
男儿空有凌云志，
不尽苍江付东流。

解甲又归田

1932年初秋的一天，马本斋到烟台去见师长刘珍年。一进屋，刘珍年就递给他一份密电："你部调防浙江，速来南京面洽。"马本斋看完电文，联想到近来接连发生的一系列事件，他预感到21师未来的命运将会多灾多难。

刘珍年坐在太师椅上拍拍脑袋说："守清，我们这21师已是名存实亡了。那次我给你提到的那个参谋处长，是个特务，这家伙偷偷安装了一个秘密电台，与南京密通情报。蒋介石说咱们师有共产党在活动，也是他告的密。由此看来，老蒋要'请客'了。"

马本斋听了这些话，陷入沉思。在这沧海横流的动荡年代，自己从一个寻求出路的回族青年，如今已混上个团长，从地位来讲，是够显赫的了。马弁、护兵、随从一大串，在自己的地盘之内，上马管兵，下马管民，谁还不知道当个团长的权势呢？但是，难道我就此陶醉于这一官半职吗？不能！多年来，自己身陷这新旧军阀连年混战之中，已看透了蒋介石的卑鄙无耻和官场上的腐败恶习，不能忘记自己是个回族贫苦农民的子弟。水流归大海，落叶必归根！

想到这里，马本斋悲愤地说道："他这搞的都是什么鬼名堂！'放匪收匪'，厮杀混战，弄得国弱民穷，十室九空。咱们21师凭良心为国为民办了点好事，他们还千方百计地想把这个部队整掉。整天'剿共'，一提共产党就如临大敌，真是活见鬼！我们讲的是正义，走的是正道，决不与这帮人同流合污，决不能成为中华民族的罪人！师长，再这么下去，我感到前途渺茫，请求您批准我解甲归田！"马本斋说到这里，把腰间的武装带摘了下来，双眼闪着激动的泪花。

刘珍年站起身来，紧紧握住马本斋的手说："守清，你的志向，我刘某人早已心领神会，你所说的我都非常之赞同。世道动荡，民族危殆，生灵涂炭。眼下我只好同意你的请求。你就走吧，我到

了南方，也准备下野，以剑术遨游四海，当一个燕赵的武士。”

刘珍年为了表达对马本斋的惜别之情，第二天约他去游览蓬莱阁，二人谈古论今，饮酒作诗，各抒情怀。

临别前，刘珍年再次劝说道：“守清，我劝你还要三思而后行。此去，也是前途渺茫呀！”

“我决心已定，绝不后悔！”马本斋坚定地说。

“好，真是威武不屈，富贵不淫。你是我平生碰到的第一个血性男人。好！”

两个人谈笑风生地走出蓬莱阁。夕阳的余晖洒在微波荡漾的海面上，闪烁着碎金细银般的光彩，那远处的长山列岛沐浴在晚霞里，显得瑰丽多姿。马本斋和刘珍年怀着依依惜别的心情，跨上战马，挥鞭向来路奔去。

马本斋要解甲归田的事，像挡不住的风很快传开了。团里的营长、连长们，三三两两地登门惜别，络绎不绝。他们有的含泪挽留，有的难舍难分。在这些营连军官中，要说哭得最伤心的，还是2营营长鲁贵兴。

鲁贵兴抹了一把眼泪说："团长，你要是真的解甲归田，你前脚走，我后脚就跟。"

马本斋伫立窗前，好久才低沉地说："我们在一起同生死，共患难，说老实话，我也不愿意离开相处多年的弟兄们。可是，贵兴，你看我们打了多年的仗，死了多少弟兄，结果肥了大军阀，肥了南京的老蒋，咱们的中华民族仍然是穷困饥饿。我们这样糊里糊涂地打下去，能国泰民安吗？民族的希望又在哪里呢？"

鲁贵兴睁大眼睛问："团长，你解甲归田，难道就能使国泰民安，民族有前途吗？"

马本斋无可奈何地摇了摇头。

"团长，那你就不要走了吧！"

"不！要走，离开这没有前途的军队，这是我当前的第一步。至于下一步，还要靠自己去闯。"

马本斋决定下午1点钟起程，先奔济南，再从济南乘火车返回故乡。

尽管归心似箭，不知怎么的，马本斋总感到还有一件事没办，心里很不踏实。

他几次想把那件事忘掉，总忘不掉；几次想

把心中燃烧的那团火熄灭，总也熄不灭。太仓促了，怎么办？马本斋把心一横：“算了！”

鲁贵兴见团长好像还有什么心事似的，便问：“团长，你还有什么事要办吗？小弟不才，愿尽力分劳。”

马本斋见鲁贵兴对自己如此忠心，激动之下，便把心里的话说了出来：“贵兴，你是知道的，在昌邑县打土匪的时候，罗老山父女为咱们出了大力，他家境贫寒，我总想帮助帮助，可是一直没有做到。如今我要走了，就更没有机会了。我想，送这一点钱作为对他们父女的报答，烦劳你抽时间去送一趟，可否？”

“这个……”鲁贵兴拉长了声音想了想，立刻，脸上带着笑意：“团长，常言说，千里送鹅毛，礼轻情意重。依我看，你还是亲自去一趟，我陪你。”

“唉，不行，时间不允许。”

“骑马来回也就是两个多小时，足够了。”说着，鲁贵兴拉着马本斋就往外走，到了院里，他喊了声：“护兵，备马！”

两匹战马奔驰在山间小路上，不一会就到了

罗家庄。他们飞身下马，急步直奔罗老山家那个用石块垒起的小院落。走到近前，马本斋和鲁贵兴都愣住了。

只见罗老山的小院里，一片瓦砾，两间小屋的屋顶被烧成灰烬，山墙也都倒塌了，大柿子树下的小石桌被掀翻了，在房屋的墙角处，一堆鸡毛，在山风中打着转转儿……

见此情景，马本斋牵着马，就像被钉在那里一样，呆呆地站着不知如何是好。

鲁贵兴看了看马本斋，劝慰说："团长，我先去打听一下，这到底是怎么回事。"

正说着，从路西边走来一位老大娘。鲁贵兴迎上前去打招呼："大娘，这罗老山家是怎么啦？人呢？"

老大娘环顾了一下四周说："唉，甭提了，前山有个土匪，都管他叫'草上飞'，他看上罗老山的姑娘淑芳了，逼着罗老山在3天内把淑芳送到前山的山神庙去，要是不照办，谁也甭想活。两天过去了，淑芳姑娘哭得像泪人一样，罗老山也愁得死去活来。到了第三天，'草上飞'来领人了，可是到了罗老山家一看，屋里空空的。‘草上飞’一怒之下，把罗家的房子给烧啦。唉，罗老山爷俩至今生死不明呀！”

听老大娘说完，马本斋恨得紧咬牙关，两眼含着怒火。他向鲁贵兴一挥手，说：“走，回去！”飞身上马回到了驻地。

鲁贵兴一边给马本斋倒水，一边问：“团长，你还走吗？”

“走，马上就走！还托老弟帮我打听罗家父女的下落，若有音信，马上给我写信！”

“团长放心，我一定照办！

“嗒嘀嗒……”集合的军号响起，不一会儿，团部门外的大操场上，整齐地排列着3个营的队伍，副团长军容整齐地站在指挥台上，环视着每个营、连、排，高声宣布道：“弟兄们，马团长就要和咱们分手登程啦，马团长待咱们情深意厚，亲如手足，现在，请马团长给咱们训话！

全体士兵齐声高呼：“请马团长训话！”

副团长向马本斋“啪”一个立正：“团长，请！”

马本斋激动地登上指挥台，深情地看了看自己熟悉的士兵，说：“弟兄们，我现在是以四万万黎民百姓之一的身份，向你们留言几句：不有德者，无以任救国救民之大业；不有死者，无以酬黎民百姓。我还是那句话，凡事都要对得起国家，对得起黎民百姓。”说着，他把手一拱，“弟兄们，再会了！”

马本斋身穿长衫，肩挎一个小布包，手拿一个提包和一把雨伞，甩开大步离开了他熟悉的军营。他走出村庄好远了，忽听身后有脚步声，回头一看，是鲁贵兴和一群士兵又追了上来。马本斋含笑向跑得上气不接下气的弟兄们说：“哎呀，贵兴，弟兄们，看你们跑得满头大汗的，快快请回吧。送君千里终有一别，请回吧！”

鲁贵兴没有说话，士兵们也没有说话。他们只是低头不语陪着马本斋向前走着，走着……

归途奇遇结良缘

马本斋来到济南府，准备搭乘晚上的火车。

从南京开来的火车，应该在晚上9点钟到达济南，可是，直到晚上10点多，才像一头疲惫的老牛开进车站。

火车还没有停稳，等得心急火燎的人们，就像潮水般地向车厢的每个小门涌去。马本斋等在最后，搀扶着一位被挤得东倒西歪的老人，吃力地登上车门。他在靠窗的一个空位上坐了下来，透过车窗，望着灰暗空旷的原野，忍受着车厢里的闷热气和刺鼻的汗臭味，不一会儿，他心烦意乱地闭上了眼睛。顷刻，罗老山父女俩又出现在他的脑海：多么好的庄户人呀！可恨这吃人的世道，害得这父女二人有地不能种，有家不能归。他们到底逃出虎口了没有？真叫人担心呀！

火车继续在黑洞洞的原野上奔跑着。车厢里的乘客们，一个个摆着不同的姿势，闭着双眼，困倦地睡着。在这难熬的旅途中，马本斋一丝睡意也没有，他从提包里掏出一本《孙子兵法》，借着昏暗的灯光，一页页地看了起来。

车过德州后，忽然，隔壁车厢里大声吵嚷起来。听旁边的乘客议论说，有个花花公子模样的人，因为要抢一个姑娘，在殴打一个老头。马本斋听到后，心想：“怎么这些事都让我碰上了，既然碰上了就应当去评理！”他急忙站起身来，向隔壁车厢挤了过去。刚挤进车门，就看到一个流里流气的家伙，冲着一个老人边打边骂：“你这个老东西，给脸不要脸，老子看上你的姑娘，是你的福气，敬酒不吃吃罚酒，老子非打死你不可！”

马本斋定睛一看，愣住了，这不是罗大爷和他女儿淑芳吗？他不由得火烧心肺，气撞胸膛，奋力挤了过去，大吼一声：“住手！”说着，左手像铁钳似的，一把揪住了花花公子的胸膛，右手使劲对准他的脸“啪啪啪”的就是几个大嘴巴。

花花公子被这突如其来的不速之客给打愣了，他眨了眨眼睛问：“你是什么人，竟敢管老子的闲事？”

“老子就是专门来管你的！”说着，对准花花公子的胸口又是一拳，接着飞起一脚，将他踢出老远。花花公子捂着肚子慢慢从地上爬了起来，突然，从腰里拔出一把匕首，猛地向马本斋刺了过去。只见马本斋一闪身，花花公子一下刺了个空，由于用力过猛，脑袋钻出了窗外。马本斋顺势使劲一推，一下子把花花公子摔出了车厢，滚落在车外。车厢里的乘客这才松了一口气，都暗暗叫好。

马本斋转身扶住躺在地板上的罗老山。淑芳含着热泪，惊喜地望着马本斋，伏身对昏迷中的罗老山说："爹，你睁睁眼，是马团长救咱们了！"

马本斋轻声说道："罗大爷，我是马本斋呀！"

罗老山慢慢地睁开了眼睛，喘着粗气说："马团长……我们大难临头，又碰到你了……多亏你救了我们。"

"罗大爷，你们这是去哪儿？"马本斋不解地问。

"唉，实在活不下去了……我们这是去天津，没想到……"

马本斋俯下身子说："来，咱们把罗大爷抬到座位上，让他躺一会就好了。"旁边座位上的乘客，听马本斋这么一说，也都主动让出三人座，一起帮忙把罗老山抬到座椅上。

马本斋望着虚弱的罗老山，又看了看扶着罗老山的淑芳，低声问道："淑芳，你们是怎么逃出来的？”

淑芳强忍着满心的悲痛，用手揉着垂在胸前的发辫，回忆起这几天的遭遇：

原来，自从“草上飞”扬言限3天之内把淑芳送到山神庙后，性情刚强的姑娘大哭不止，罗老山也愁得吃不下饭。就在第二天的深夜，爷俩决定赶紧逃走。

他们不敢走大路，沿着杂树丛生的山间小道，走了一天一夜才逃到铁路线上的大镇周村。白天去街上讨饭，夜里就投宿车站里，过着朝不保夕的流浪生活。就这样胆战心惊地过了两天后，淑芳对罗老山说：“爹，这样下去，到何年何月算是一站？咱们能不能找点活干，也好糊口呀！”

罗老山沉默了片刻，试探着说：“我记得，前几年有个和我一块当过长工的李春有，听说他在天津，我估摸着去找他，也许能帮咱找个活干。”

“爹，那就别犹豫了，赶快去天津吧！”

“好，路是人走出来的，咱就到那里去碰一碰！”

第二天一大早儿，罗老山父女俩就搭上了这

趟火车。

罗老山一阵急促的咳嗽，打断了淑芳的回忆，她急忙俯身连连喊着爹。罗老山微微喘息闭着双眼。

“爹，你可不能啊……”淑芳又痛哭起来。

过了一会，罗老山睁开眼睛，声音微弱地说：“马团长……”

“你叫我本斋吧。”马本斋说道。

“本斋，我是不行了，淑芳是个苦孩子，从小就没爹没妈，我能把她托付给你，也，也，也就放心了……”罗老山的头轻轻一歪，闭上了双眼，停止了呼吸。

淑芳双手托起罗老山的头，摇晃着，哭喊着。

马本斋默默地站在她身后，望着罗老山嘴角上的血污，攥着拳头，紧咬着嘴唇，这个硬汉子禁不住悲愤地流下了眼泪。

好心的乘客们劝说道：“先生，下一站你们赶快下去吧。那个花花公子是这铁路线上有名的大恶棍，他家有钱有势，想抓谁就抓谁，要是到沧州，你们可就凶多吉少啦！”在好心乘客们的帮助下，马本斋背上罗老山的遗体，带着淑芳匆匆忙忙在泊镇车站下了车。

泊镇在周围的几个县中算是个大镇子，有上千户人家，回民也有百十家，有座古老的清真寺就坐落在泊镇的西大街。马本斋和淑芳来到清真寺，花了一些钱，好心的阿訇给罗老山净了身，便殓入了经匣。马本斋又出钱请阿訇雇了几个人，抬着经匣向荒郊野外走去。罗老山，这位受了一辈子累，吃了一辈子苦的穷佃户，就这样被埋葬在了异乡的土地上。

泊镇距马本斋的家乡东辛庄 70 里路。本斋和淑芳在一家回民饭馆里简单地吃了点东西，便相跟着上路了。

两个人默默地走了一会儿，马本斋关切地问："淑芳，你累吗？

淑芳摇头说："不，不累。"

马本斋又问："罗大爷不是你的父亲吗？在火车上他怎么说你从小没爹没妈呢？"

一句话问得淑芳眼圈又发红了，勾起了她内心深处的极大痛楚。

淑芳本不是山东人，老家在安徽合肥，生父叫孙志功。父母只生有淑芳这么一个独生女。孙志功有一身的好武功，在合肥市的三牌楼和明教寺一带以摆摊卖艺为生。他的气功最出名，尤其是头上的功夫。他运好气之后，躺在地上，脑下枕一块砖，额头上再压一块砖，任凭哪位观众，用另一块砖使劲去砸额上的那块砖，上下两块砖都被砸碎了，而孙志功的脑袋还是好好的。因此，人们给他起个绰号“铁头孙”。

一天，父亲身体有些不舒服，母亲劝他在家歇歇，不要去卖艺了。为了养家糊口，父亲还是坚持要去，他说：“我这身子骨有点小病算得了什么。”他用白开水服下两丸药，收拾好卖艺用的物件，就和往常一样出门了。不久就传来父亲出事的消息。

父亲不幸去世，母亲得了一场大病，生活的重担就落在小淑芳的肩上了。母亲病稍好点之后，每天支撑着瘦弱的身子，靠给人家拆洗衣服挣点钱糊口过日子，小淑芳则负责把每天洗好的衣服送到各大户人家。

有一天，山东“柳条会”的匪首柳林霸带着

小老婆“十里香”来合肥，正看见小淑芳送洗好的衣服。“十里香”说：“这小丫头，长得眉清目秀，模样真不错，可惜投错了胎，我跟前要是有这么一个使唤的小丫头，就好了。”

于是，柳林霸让老管家很快就办成了这事。条件是：管吃管穿给工钱，还答应把淑芳母女一同带回山东去，可以养淑芳母亲的老。几天之后，淑芳母女随同柳林霸和“十里香”，来到合肥火车站。火车就要开动了，“十里香”拉着小淑芳先上了火车，母亲跟在柳林霸的身后，就在母亲刚要上车时，柳林霸飞起一脚，把她踢了下去。母亲拼命地哭喊着：“还我的孩子！还我的孩子！”边喊边向开动的火车扑去。可怜的母亲，被飞奔的火车挂下站台，惨死在飞转的铁轮下。

小淑芳被带到了山东，就如同泡在黄连缸里过日子。每当小淑芳遭到“十里香”毒打和辱骂之后，唯一来安慰她的人就是忠诚厚道的罗老山。苦难的生活，使这一老一小的异乡人相依为命。从此，老迈鳏独的罗老山就成了孤苦伶仃的淑芳唯一的亲人。

马本斋听了淑芳的悲惨遭遇，心情极为沉重。他看着这一望无际的大平原，百感交集：啊！这是什么世道？狼可以横行，人却没有自由！多少个“罗老山”在悲愤中死去，多少个“淑芳”在苦难中挣扎。他不由地看了看身边的淑芳，见她仍陷入痛苦的回忆之中，他真想安慰安慰她，可一时又不知说什么好，只好默默地走着、走着。

忽然，马本斋想起什么似的问：“罗大爷是回民，那么你？”

“我自从跟着爹，也从属了回族。”

“淑芳，我也是回族。”

“真的呀！”淑芳又不好意思地小声问，“那你家还有什么人？”

“爹、娘、大哥和三弟。”说着，马本斋望了她一眼。

他们走了整整一天，马本斋领着淑芳才回到了自己离别多年的老家。多么难得的团圆呀！马本斋一家人相聚在小北屋里，畅谈别后情景，悲喜交集。父亲马永长虽说是位老乐观，此刻他那哈哈大笑的脸上，也禁不住流下两行泪水来。母亲忙里忙外，又是烧水又是做饭。每当母亲走进屋里来时，本斋都要留神母亲那张慈祥的脸，他发现母亲没有掉一滴泪，为此他心里感到踏实多了。可是他哪里知道，母亲背地里偷偷擦泪，她的上衣大襟都湿透了。

当全家人欢乐的潮水平静下来的时候，这才发觉慢待了坐在一旁的姑娘。母亲把淑芳拉到身边坐下，仔细端详着，高兴得不得了，直到把淑芳看得不好意思地低下了头。

母亲问一句，淑芳答一句。还是本斋向全家叙述了淑芳的悲惨遭遇，大家听了，无不落泪。

母亲拉着淑芳的手说："孩子，大妈我一辈子没有过闺女，你就当我的女儿吧。"淑芳听了这热乎乎的话，热泪盈眶，一头扎在了母亲的怀里。

母亲望了望发白的窗纸说："天不早了，走，闺女，跟娘睡觉去。"全家人各自回到屋里。

一天，母亲又把本斋拉到院子里悄悄地说："孩子，这姑娘真可娘的心，我看过些天，选个好日子就给你们办了，也了却娘的心事。"

"只要您老人家高兴，一切听您老的。"

04 出师抗日

组建回民义勇队

东辛庄位于献县、河间、沧州三县交界的地方，村子不算大，却是“鸡鸣听三县，十里走五乡”的地方。几天来，河间、献县、沧州三县，无论是集市，还是铺子，或是渡口，到处流传着马本斋回到了东辛庄的事，一时间，成为人们茶余饭后谈论的主要话题，各种绘声绘色的描述，把马本斋描绘成一个杀富济贫的大英雄、大富豪。

东辛庄的老老少少，议论也不算少，但更真实一些，他们毕竟是看着本斋长大的。

“唉，咱穷回民就是没有福分，好不容易出了个大团长，可又辞官不做了。这孩子是不是让人家给革职了？”

“老哥，本斋这孩子可是咱们看着长大的，歪的斜的他不会，他既然辞官不做，那自然有他的难处，现在的世道儿估摸着也不好混哟。”

“大叔，有啥不好混的，团长团长，半个皇上，吃的是山珍海味，住的是高楼大厦。要是和咱这穷回民比起来，一个是天上，一个是地下。”

“那倒不假，可本斋这孩子是个有良心的，别看他漂流在外10多年，你没听他说呀，他一直把咱这老的少的们挂在心上。”

“唉，回来也好，常言说，当差不自由，自由不当差，成天扛枪打仗，也够悬的！”

年过古稀的哈二先生拄着拐棍儿，也来参加了这场议论：“我就好说古比今。当年诸葛亮隐居山野熟读兵书战法，后来为刘备立了大功。本斋这次解甲归田隐居穷乡，兴许也有诸葛之志？不过当年的诸葛孔明只不过是个传说而已，眼下本斋做了大团长，何必回来活受罪呢？”

哈二先生正要继续说下去，恰巧马本斋扛着锄把子从这里走过。哈二先生见马本斋来了，于是凑过去:“说曹操曹操到。本斋,你当我学生的时候我就说过,你从小就有富贵相,果真平步青云,当上了团长。得此美差,何不在军中吃香的喝辣的,却回到咱这穷乡僻壤吃糠咽菜,岂不怪哉,怪哉?”

马本斋轻轻搀扶着哈二先生的胳膊,也学着哈二先生的样子,咬文嚼字地说:“哈先生,您教我读书的时候,不是说要与民同乐吗?难道忘乎哉?我则记忆犹新。我视天下穷苦百姓为兄弟叔伯,甘愿与之有福同享,有罪同受!”

从此以后,家乡的父老乡亲们,与本斋的心贴得更近了。

1935 年,被蒋介石调往江西“剿共”的刘珍年在南昌被杀,该部旅长梁立柱接任第 21 师师长。梁立柱与马本斋共事多年,私交很深,多次邀请马本斋返回第 21 师,并许以高官厚禄。马本斋到江西会见过梁立柱,当时,第 21 师正在与红军作战,马本斋不愿为蒋介石卖命,遂坚辞不就,返回故乡。

1937 年七七事变后,日本侵略者大举进犯华北，驻防在河间、献县一带的国民党第 53 军望风溃败，不战而逃。日军的炮艇沿子牙河逆流而上，一路烧杀掳掠，献县及沿子牙河一带村庄屡遭其祸。一些爱国志士不甘心当亡国奴，纷纷组织武装抗日自卫。许多豪绅、兵痞、土匪也自立旗号，蜂拥而起，出现了"主任满天飞，司令赛牛毛"的混乱局面。马本斋忧国忧民，焦灼万分。

献县"义勇军"师长前来请马本斋。马本斋和三弟到那里观察了一天，发现这是一支土匪部队，根本不是抗日武装，就迅速离开了。

献县东部最大的地方武装"第六路军"，拥有 2000 余人。司令周朝贵一直在思量物色一个有才干的军人辅佐他整治军队，维持地盘。当他打听到马本斋回到东辛庄时，十分心喜，3 次修书派人登门邀请马本斋出山，并委任参谋长之职。马本斋也觉得在那里或许可以实现杀敌报国的抱负，于是，与母亲商量后，带着三弟马进坡一同前往。

马本斋一到任，便察觉这支部队成分复杂，纪律败坏。一些兵痞、流氓打着抗日的旗号征粮派款，抓丁拉夫，鱼肉乡里，残害百姓，根本不干抗日的事。马本斋大失所望，遂谎称父亲病重，离职返乡。离开时，被周朝贵派副官詹德才一路追杀，险些丧命。

屡遭碰壁后，马本斋更是心急如焚。如何才能找到真正的抗日队伍呢？他一面派三弟出去寻找抗日的部队，一面暗中筹划建立自己的武装力量。

东辛庄历来有练拳的传统。每当人们吃过晚饭，都不约而同地来到村东头的白老庭家院子里学练拳。白老庭虽 60 多岁，但身板儿结实，腰不弯背不驼。他一生喜欢练拳，冬练数九，夏练三伏，练就了一身好拳脚。为了让村上的年轻人习拳练武，他主动把院子清理出来，天长日久，人们就习惯地管白老庭的家叫“练拳院”。

自日本侵略者入侵献县之后，大家练拳的积极性更加高涨。马本斋是全村男女老少都信得过的人，自然也就成了“练拳院”的中心人物。

这天，他带领村里的马铁男、金震河、铜小山一帮小伙子们练完拳后，刚回到自己家，村小学老师高志轩也跟了过来。

自从高志轩老师来到东辛庄教书以后，他就成了马本斋最知心的朋友。他们经常谈论国内形势，交流外面的信息。从高老师那里听到的一些东西，总觉得心里亮堂，身上有劲儿。马本斋有时也纳闷儿，自己走南闯北，知道的事情也不少，可是高老师讲的那些道理，都是他一直在思考而没想透的。

现在，虽然夜已深了，马本斋见到高老师，一天的疲倦立刻飞到九霄云外去了。

两人来到院子里，刚在老椿树下坐稳，马本斋就迫不及待地问："又有什么好消息？"

"前些日子我说到的共产党的毛泽东发表的'反对日本进攻的方针、办法和前途'的主张还记得吧？"高志轩说。

"记得，那怎么能忘了呢？"

"毛泽东最近又向全国人民发表重要文章了。今年 8 月 25 日发表的题为《为动员一切力量争取抗战胜利而斗争》一文中说：'全中国人民动员起来，武装起来，参加抗战，实行有力出力，有钱出钱，有枪出枪，有知识出知识。'还说：'动员蒙民、回民及其他少数民族，在民族自决和自治的原则下，共同抗日。'”

马本斋听着，兴奋地说：“哎呀，毛泽东这么看得起我们回民！我们穷回民还是第一次被人看得起呀！”他感慨地说：“我现在越发感到，共产党是个正派的党，说话做事都和咱想的一样。”

高志轩看着马本斋激动兴奋的神情，试探地问道：“烽火连天，时间不等人，你打算怎么办？”

“你说呢？”马本斋反问道。

高志轩轻声地说：“你还问我，你不是已经开始行动了吗！”

“什么事也瞒不住你。”马本斋沉思了一会儿，严肃地说，“国家兴亡，匹夫有责。我们回民也是中华民族的子孙，抗日救国义不容辞！我就是想以‘练拳院’为基础，拉起队伍来和日本鬼子干！”

在这些日子里，为了成立抗日武装，马本斋走家串户，掏着心窝子和乡亲们叙情说理：“咱回民有句话，‘对恶狗用棍子，对强盗用刀子。’不抗日，日子没法过；不拉队伍，就没法杀鬼子。”他走到哪家，哪家就传出欢声笑语；他进哪个院儿，哪个院儿里便回响着慷慨激昂的声音。

这天晚上，马铁男、金震河、铜小山十几个青年，还有白老庭，围坐在马本斋家的大椿树下，合计拉队伍的事。连成婶看大伙对儿子这样信任，十分高兴，她打来了二斤好烧酒，买了三斤花生仁，大伙儿一边喝酒，一边商量保家护村组织队伍的道道。

合计到后来，马铁男说："咱们拉起来的队伍总得有个名儿吧。"

"我看就叫'回民义勇队'！"马本斋胸有成竹地说。

"好，这个名儿好。"接着，大家又推举马本斋当队长。

他谦虚地说："咱们拉队伍，不是为了当官，是为了保家护庄打日本。大伙可不许叫我马队长，比我年龄大的叫我本斋，比我小的还叫我本斋哥。"

大伙也一致赞同。直到鸡叫头遍的时候，大家方才散去。

1937 年 8 月 30 日上午，东辛庄的清真寺像过节一样热闹，到处张贴着高志轩老师写的大红

标语：“各族人民共同抗日！”“打倒日本帝国主义！”“回民青年有志气，拿起刀枪杀日寇！”男女老少，人来人往十分热闹。阿訇也不念经了，忙着摆桌子、搬凳子。白老庭像主人一样，招呼着拥进清真寺来的乡亲们。白老庭见乡亲们来得差不多了，走到马本斋的身旁说：“本斋，可以开始了吧。”

“好！”马本斋迈着坚实的步子，走上大殿的台阶，他环视了一下会场，整个清真寺大院里挤满了人。他激动地喊道：“乡亲们，日本鬼子踏上了咱们国土，妄想消灭咱们中华民族。他们烧、杀、奸淫，无恶不作，难道咱们就像牛羊一样任敌人宰割吗？不能！绝不能！咱们堂堂的中华民族凭什么让小鬼子欺侮！乡亲们，要想活下去，就得抱起团儿来，跟日本鬼子干！愿意跟我马本斋拉队伍的，就到高老师那里去报名登记！”

马本斋话音刚落，就见马铁男、金震河、铜小山和练拳院的青年们个个举起胳膊喊着：

“我报名！”

“我参加！”

"我愿意和本斋哥一起拉队伍！"

乡亲们纷纷把自己家里收藏的长矛、单刀、拐子、流星，还有打兔子用的火枪，都献了出来。

白老庭拨开人群，举起一支猎枪向马本斋说："我在关东闯荡了半辈子，只落得这支家伙。过去我在长白山里用它打虎打狼，如今把它献出来打鬼子！"

金震河的父亲领着孙子小宝，走到马本斋跟前说："本斋，咱家没别的，就是有人，我们祖孙三代，都参加义勇队，跟着你打鬼子。"

自从回民义勇队成立后，每天晚上马本斋都把队伍集合在本村小学的教室里，由他和高志轩老师给队员们讲义勇队的纪律、外面的形势和抗日救国的道理。

这天晚上，高志轩走上讲台对大家说："今天晚上，咱们学一支歌子。"他在黑板上写下 7 个大字"抗日将士出征歌"。说着就唱起来：

"全国动刀兵，一齐来出征，你看那大旗飘扬多威风，这路人马哪里来，西北边区陕甘宁，军民要齐心救国打先锋……"

高老师教一句，大家学唱一句。正当大家唱得起劲的时候，连成婶急忙跑进来对马本斋地说："本斋，不好啦，村外来了一队汉奸，听说是来抓高老师的。"

几个队员一听，"呼"地一下站了起来，顺手抄起长矛和大刀。马本斋说："马铁男，把队伍带到院子里去，准备和狗日的们干。"

高志轩连忙制止说："不能和汉奸们硬干。咱们回民义勇队刚刚成立，正在训练时期，硬拼对咱们不利，一来暴露了这个刚刚成立的武装，二来容易吃亏。"

"那怎么办？"马铁男问。

马本斋镇定地说："高老师，既然他们是来抓你的，今天抓不到你，明天还会来。我想你还是暂时离开这儿，到外边去躲些日子再说。"高志轩心里明白：不能因为他一人连累了刚刚诞生的回民义勇队。于是果断答应："好吧，暂时先离开大家，过些时候我再回来。"

白老庭说："志轩，从子牙河上走，又快又保险，子牙十八湾我最熟悉，我送你。"白老庭的话音刚落，村子里的狗儿都“汪汪汪”地狂叫起来。

马本斋连忙说：“今晚出不了村了，情况紧急，还是先躲躲。”

连成婶把高志轩一拽：“走，跟我来。”马本斋对队员们说：“大家赶快回家隐蔽起来，没有我的话，谁也不能乱动。”义勇队的队员们迅速散去。

10多名汉奸在学校里折腾到半夜，也没找到高志轩的影子，最后骂骂咧咧地走了。

第二天天还未亮，马本斋和母亲把高志轩领到上屋，一同吃完饭，便悄悄向子牙河边走去。早已等候在那里的白老庭，解开系在芦苇丛中的小船说：“志轩，上船吧。”连成婶将一件粗布褂子披在高志轩的身上，顺手递给他一个小包说：“孩子，这几个窝窝头，带着路上吃。”

高志轩激动地接过包袱，又握着马本斋的手说：“义勇队要坚持斗争，胜利一定会到来，咱们后会有期。”说着一抬腿跳上了小船。

“一路顺风，多多保重。”马本斋依依难舍地扬扬手。白老庭用竹篙往岸边一撑，小船像箭一样，射进了密密丛丛的芦苇荡里。

打捞神钟造神器

一天，马铁男侦察到一个重要情报，说是明天拂晓，驻河间的日军山本联队有一辆军用卡车从河间开往沧州，上面运有枪支和弹药。马本斋得知这个消息高兴极了。因为70多人的回民义勇队，用的都是大刀、长矛和打兔子的火枪，真正的钢枪没有几支。要想抗日杀敌，不夺取武器是不行的。

晚饭后，马本斋召集各小队队长来到“练拳院”商量打法。大家你一言我一语，一直商量了半宿，伏击敌人汽车的计划终于定下来了，大家连夜分头做着准备。

第二天拂晓，晨雾弥漫，秋风萧瑟。从河间通往沧州的公路上，一辆军用大卡车沿着黄土公路奔驰而来，不一会儿，汽车拐进了两边长满灌木丛的路段。突然，藏在树丛中的火枪土炮，从两边一齐向汽车袭来。车上的敌人被这突如其来的袭击惊呆了，可是，这些火枪土炮并没有打中汽车的要害，汽车还是在惊慌中逃跑了。

马本斋事先就预想到这个情况，所以，正当汽车准备加速逃跑时，前面的公路旁，突然窜出一辆马车来，“嘎”地停在了公路中间，挡住了汽车的去路。

“冲呀！”马本斋大喊道。

义勇队队员们从树丛中一跃而出，叫喊着冲到公路上把汽车团团围住。那几个吓瘫了的敌人，被义勇队队员上去三刀两矛，就给结果了性命，缴获了全部物资。

经过清点，从敌人手中共缴获 18 支三八大盖儿、5 支盒子枪、几百发子弹、几十颗手榴弹，还有一部分被服。队员们拿着“三八”式，你传给我，我递给你，互相传看着，好不快活。

马本斋欣喜地说：“弟兄们，这是咱们的第一个胜仗，回去之后，咱们还要加紧练兵，争取打更多更大的胜仗，有没有信心？”

“有！”

“好！大伙扛上家伙，排好队，把步子走整齐点，回村让乡亲们高兴高兴。”

回民义勇队首战告捷后，队员们的抗日信心更足了。几天来，马本斋带领队员边训练，边在村边挖工事，干得热火朝天。休息时，马本斋对白老庭说：“老庭大伯，咱回民义勇队眼下最大的问题是武器不足。”

“是呀，打狗还得有根打狗棍呢，何况这是打日本鬼子。”

“哪怕是搞些土枪土炮，也比长矛大刀顶用得多。老庭大伯，我想咱们自己铸造点火枪土炮的，您看行吗？”

“这也并不难，就是需要些铁。”

“是呀，到哪儿去弄铁呢，能不能到各家去凑点？”

“就是把全村的破锅、破锄都收来也不够哇。”

突然，白老庭像发现新大陆似的，把烟袋锅一磕说：“本斋，有啦！在子牙河里，有一口千斤大钟。”他接着说：“在我年轻的时候，铁匠台的正南，离河边不远有一座龙王庙，庙门口的千年古松上，挂着一口钟，据说有千斤重。相传早年间，这子牙河年年闹水灾，到了清代，就修了这座龙王庙，用钟声镇河妖。谁知有一年夏天，乌云密布，阴雨连绵，子牙河洪水暴涨，结果连那座镇河妖的龙王庙也被大水冲垮了，真实的‘大水冲了龙王庙’。从此那口大钟就淹没在子牙河里了。”

“这么说，那口大钟还在？”马本斋兴奋起来。

“在！前些年，外村有不少人打这口钟的主意，在子牙河里找来找去也没找到。”

于是，马本斋决定带领义勇队队员在子牙河里寻找那口大钟。可是，找了几次也没找到它的踪影。

自从日本军用卡车遭到伏击，山本联队长气得在房间里直打转。几天后，他终于弄清伏击军车的是谁了。

这天，一个穿日本军服的中国人急急忙忙地向山本联队跑来。他就是原杂牌六路军司令周朝贵。自从日军占领河间之后，周朝贵就带着人马投靠了日本鬼子，死心塌地当上了汉奸大队长。用他的话来说这叫作“识时务者为俊杰”。

山本见到周朝贵，劈头便问：“马本斋你的

知道？”

“知道，知道。”

“他的什么的干活？”

“不瞒队长您说，马本斋确实是个人才，一年前曾在本部任过职，敝人为了消除后患，已经把他处决了。”

山本对周朝贵厉声吼叫：“不对。据可靠情报，我的军用汽车，是被马本斋领导的回民义勇队炸毁的，你的明白。”

山本的话，如同晴天霹雳，把周朝贵轰呆了。山本继续说道：“用你们中国的话说，乘马本斋羽毛未丰之际，把他掐死在襁褓之中，懂吗？”

“懂，懂。”

“好啦，回去的赶紧的行动，一星期之后，来见我。”

周朝贵回到自己家里，一进门，正巧迎面碰上了副官詹德才。周朝贵抡起巴掌“啪”地就给了他一个大耳光：“你这个混账王八蛋，老子的命险些让你给送了。”

“司令，您的话，越发使卑职糊涂啦。”

“我问你，马本斋到底死了没有？”詹德才故作镇定，揉着半个脸说，“司令，他在一年前，不就被卑职打死在子牙河里了吗？”

“你这个浑球，大草包！马本斋不但没有死，还拉起队伍，成立了什么回民义勇队！这次皇军的汽车，就是被他干掉的。刚才山本为此发了火，要我们在一个星期之内，把马本斋和他的回民义勇队全部干掉。”

“是！听司令吩咐。”

周朝贵阴险地说：“据可靠情报，最近马本斋为了制造枪弹，正在子牙河里打捞当年龙王庙的那口大钟，明天上午乘他们全部人马在河里捞钟的机会，把他们团团围住，一网打尽。”

詹德才连连点头：“是，还是司令高见。”

“事不宜迟，要绝对保密，除你我之外，不要对任何人讲，行动时间明天拂晓。好啦，去准备吧。”

周朝贵要围歼义勇队的消息，还是及时地传到了马本斋的耳中。

第二天上午，回民义勇队的队员们和往常一样，继续在河水里寻找那口大钟。

詹德才带领汉奸队100多号人，天不亮就出发，跑到子牙河岸，悄悄地翻过河堤，向正在河里上浮下潜、摸得正欢的队员们包围过去。

就在这时，欢腾的河面忽然平静下来，除了一个个漩涡，什么也见不到。汉奸连长瞪着眼睛，莫名其妙地说："我倒要看看他们能憋多久。等着，一露头就开枪。"

过了好一会儿，仍不见人影，詹德才这才发现："不对，我们可能中计了，快，撤到堤上去！"

话音刚落，汉奸队的背后枪声大作，杀声震天。马本斋高喊道："詹德才，你的末日到啦！"随着喊声，回民义勇队的队员们居高临下，向汉奸队猛烈射击。汉奸们被这突如其来的打击吓得魂不附体，纷纷跳入河里，拼命向对岸游去。可是，当他们刚刚游到河中心，河对岸的芦苇荡中，又杀出一支人马，狼狈不堪的汉奸们被"包了饺子"。不到一个小时，包括詹德才和汉奸连长在内的汉奸队全部被消灭。

消灭了汉奸，缴获了一些枪支，但捞大钟造枪炮的事始终还在本斋的心里。

这天晌午，马本斋带着几个队员，又下河去摸了会儿，还是没摸着。他走到白老庭身边，纳闷地说：“咱们几十口子人，一连找了多少次了，为什么找不到呢？老庭大伯，这口大钟的位置您没有记错吧？”

白老庭吸着烟，回忆了一会儿说：“龙王庙在铁匠台的正南，这棵古松树又在龙王庙的正南，”说着，他伸出胳膊估量着方向说：“没错，这口大钟，就在这一段河床里。”

“老庭大伯，会不会早就被别的村捞去啦？”马铁男担心地问。

“这又不是个小物件，能捞出来装进口袋里拿走？这是一口千斤大钟，谁捞出来都会轰动十里八乡，可是从来没有听说过，肯定是被泥沙埋起来了。”

在什么位置呢？大伙七嘴八舌地议论着。

马本斋沉思了一会，笑着对大伙说：“依我看，这大钟就在上游那个有漩涡的地方。大家休息一会儿，再到那边去摸摸。要一字排开，像拉网一样顺着河道往前摸！”

按照本斋的方法，大家摸了一会儿。忽然，铜小山喊了起来："找到了，在这儿呐！"

马本斋喊道："你下去，用手挖一挖，看是个啥东西！"

铜小山应声再次扎入水中，过了好大一会儿，才出水面，喊道："越挖越大，还没找到边儿呢！"

白老庭走到马本斋身边说："看来，你是琢磨对了，这口大钟兴许就在这个地方。"

大钟终于被拉上了河岸。兴高采烈的义勇队队员们，围着这口生满青锈的大钟议论纷纷，这口千斤大钟究竟能铸造什么样的火枪土炮呢？马本斋听了大家的意见后，决定要铸造一种"大型火枪"。

3 个月后的一天，东辛庄的男女老少，像赶庙会一样，向村南的水坑边拥去。他们是去看马本斋试验他发明的"大型火枪"的。

这是一种比猎枪威力大许多倍的火枪，枪口有茶杯口那么粗，枪管两丈来长。枪管里面装上黑色火药，再填上许多碎铁片和大铁砂。因为使用时，一个人拿不动，需要两个人扛着打，所以人们叫它"大抬杆儿"。

随着一声巨响，铁片、铁砂像扇面一样，被打出去四五百米远。“大抬杆儿”的试验取得圆满成功。

乡亲们围着“大抬杆儿”看了又看，摸了又摸。白老庭高兴地说：“本斋，这家伙比当年神机营的火器威力还要大。有了它，咱就可以和日本鬼子汉奸对付一气啦……”

“我说这玩意儿，比鬼子的机关枪还厉害呐，机关枪打的是一条线，可这玩意儿，一打一大片，跟扫地一样。”马铁男抚摸着说。

试验成功后，马本斋用这口神钟一共造了 60 支火枪，20 门“大抬杆儿”，义勇队真是枪多人壮了。

投奔八路军

外出寻找抗日队伍的马进坡回来了，他带回了两个重要情报。一个是日本鬼子不出 3 天，就要发兵来铲除回民义勇队。另一个是听到了许多关于八路军的事。

马进坡说，在共产党领导的八路军队伍里，有个叫孟庆山的人，到冀中这一带来组织老百姓打日本鬼子，已经在定县拉起了一支“河北省抗日游击军”。还有一位叫吕正操的司令员，到了石家庄以东的安平县。传说他能文能武，英勇善战，日本鬼子非常害怕他。还听说他在安平县的黄城村成立了回民干部教导队呢。

“那吕司令怎么不到咱们这边来呀？”金震河有点沉不住气了。

白老庭用烟袋锅点了他一下：“你这个急脾气，到时候人家总会来的。咱种地还要分个季节呢，打仗哪能不分先后。”

马本斋笑着对大伙说：“看来，这共产党八路军是合咱老百姓心事的队伍。吕正操司令员能成立回民干部教导队，说明他看得起咱穷回民，把咱穷回民真正当成了抗日的力量。吕司令做的和毛泽东讲的团结蒙民、回民一起抗日，是一回事，找八路军、找共产党这条路，咱们走定了。”

“对，国有政，人有党，咱们是要找个为国为民的党。”白老庭吸着烟说。

马本斋深有感触地说：“找到了这样的党，这样的军队，咱们才算有了靠山。”

“我是不是再去找一趟八路军？”马进坡迫不及待地问。

“不忙，山本不是要发兵来除掉咱们义勇队吗，我们要抓紧时间做好一切战斗准备。等打完这一仗，我要亲自到安平县走一趟，去见见那位八路军的吕司令。”

接着，众人继续研究对付山本的办法。马本斋说：“这打仗也像下棋一样，要看全局，‘知己知彼，百战不殆’。《孙子兵法》中说：‘兵无常势，水无常形’，意思是用兵也没有一成不变的规律，我们要灵活地给山本摆下个阵势，等着他来钻。”于是，他们制定了一套巧妙的伏击方案。

第二天显得很平静，但义勇队的队员们个个紧张地忙碌着。第三天拂晓，日本小队长猪股和翻译崔丰久带领一个班的日军和100多个伪军，直向东辛庄扑来。他们到达村北时，东辛庄仍在沉睡之中，偶尔的几声雄鸡啼鸣才打破这里的宁静。

东辛庄的村北种的都是大秋作物，高粱和玉米长势正旺，形成一大片青纱帐。这是进村的必由之路。猪股带着队伍刚进入青纱帐不远，就警觉地对崔丰久命令：“你的传令，准备战斗！”

话音刚落，两边青纱帐里就枪声大作，杀声震天，日军和汉奸被这突如其来的打击搞得惊慌失措。猪股大声喊道：“不要乱动，顶住，逃跑的死啦死啦的。”立刻，日军和汉奸一个个就像大乌龟，原地卧倒，漫无目标地朝青纱帐扫射起来。

猪股发现东北方向枪声稀少，地形也较高，于是指挥部队边打边向东北方撤退。要占领那个高地必须通过一段开阔地，当敌人涌向这个开阔地时，两边响起震天的“雷”声，原来义勇队的几门“大抬杆儿”在这里等候多时。雨点般的铁片和铁砂，杀向日伪军，打得敌人死伤过半，其余的残兵败卒，在猪股的带领下，拼命向高岗冲去。埋伏在高岗上的“大抬杆儿”也怒吼起来，敌人又应声倒下一大片。

这时，正在高岗上指挥的马本斋跃起身来，

高喊:“弟兄们,冲呀!不要让一个敌人跑掉!”义勇队的健儿们,纷纷追向四处逃散的敌人。

东南方向的枪声最为激烈,马本斋感到很奇怪,不一会儿,出现一支打着绑腿、身穿灰军装的队伍向他大踏步走来,走在前面的那个中等身材、刚健有力的人,马本斋老远就认出来了,他就是自己日夜想念的高志轩。

“高老师,真是你呀!”马本斋激动地跑上前去,两双有力的手紧紧地握在一起。

“高老师回来啦!”队员们高呼着。刚刚结束战斗的战场上,顿时沸腾起来。

高志轩握着马本斋的手说:“你们这一仗打得好啊!回民义勇队很有战斗力嘛!”说着,从衣兜里掏出一封信:“这是我们孟司令给你的亲笔信。”

“孟司令?是孟庆山司令吗?”

“是啊,他是我们河北抗日游击军的司令员。你认识?”

马本斋激动地打开信:

马本斋队长:你好!你拉起的回民义勇队驰

骋疆场，勇杀日寇，这正是共产党所提倡的。今派我部刘文正同志前去拜访，并面洽大事。

“刘文正？”马本斋愣住了。

“我原名叫刘文正，为了工作的需要，化名高志轩。”刘文正说。

马本斋兴奋地说道：“刘文正同志，用不着面洽，我们回民义勇队早已下定决心，去投奔共产党八路军，这条道我们走定啦！”

自从刘文正回到东辛庄后，他就和马本斋忙个不停地操办着一件从未有过的大事。他俩跑遍了所有义勇队队员的家，又是看望又是动员。晚饭后，小学堂里更是聚满了乡亲们，听刘文正讲八路军抗日的故事。经过几天的宣传动员，回民义勇队投入八路军的事就定下来了。

1938 年 1 月的一天，东辛庄的村西口临时搭起了戏台子，上面摆着几张长桌，一坛老白干散发出扑鼻的香味儿。全村人都聚集在这里。

台上，白老庭给马本斋、刘文正每人倒了一大碗白酒，他自己也端起一碗，高高举过头顶，用

他那洪钟般的声音说：“我们回族同胞，为有自己这样一支队伍，为有马本斋这样的带头人，感到有光彩。真主保佑，愿我们的队伍到了八路军里，多打胜仗，荡平倭寇，凯旋而归。”

他大喊了一声：“干！”

“干！”3个人一饮而尽。

马本斋放下酒碗，对乡亲们说：“此去投奔八路军，披肝沥胆，不负父老乡亲盛情厚望，不灭日寇，决不回师。”说着，他把手一扬：“马铁男，点火！”

霎时，十几门“大抬杆儿”，同时轰鸣，这惊天动地的声音，象征着回民健儿们杀敌立功的坚强决心。

从此，这支自发的回民武装，正式加入河北抗日游击军的行列，列编为冀中军区回民教导队。马本斋任队长，马仲三任副队长，刘文正任政治部主任。

回民教导队成立后，在马本斋的带领下，活跃在河间一带，狠狠地打击了日伪军的嚣张气焰。

1938年6月，刚改编不久的冀中军区回民教导队，得到一个振奋人心的好消息，吕正操司令员在安平县组织起来的回民干部教导队，过几天就要开到这里来与他们合并了。

马本斋和刘文正忙着布置迎接新战友的准备工作。

这天清晨，回民教导队全体官兵身穿崭新的制式灰军装，列队在打谷场上。队长马本斋站在队列前："同志们，今天是个大喜的日子，安平县回民干部教导队就要来我们这里会合了，我们不仅要热烈欢迎新战友，还要虚心向他们学习，团结战斗！"

话音未落，警卫员小金跑来报告："报告队长，回民干部教导队快到了。"

大家不约而同地向村头看去，只见一支浩浩荡荡的队伍，唱着嘹亮的抗日歌曲，精神抖擞地向这里走来。马本斋和刘文正连忙迎了上去，两支队伍欢快地会合在一起，口号声此起彼伏。

马本斋紧紧握住带队领导铁成同志的手，热情地说："欢迎你们呀，早就盼着你们来了。"

"马本斋同志，我受吕正操司令员的指示，把回民干部教导队带来交给你，我的任务可完成了啦。”

马本斋高兴地说：“军区党委的决定真是太英明，把冀中分散的回民武装汇集在一起，这样就能攥成一个铁拳，更好地打击日本鬼子。回想我们教导队刚成立时才 200 多人，现在已发展到 600 多人，这下子我们可就兵强马壮了。我们可以编成两个大队，真可谓如虎添翼。”

他们来到队伍面前，铁成代表军区首长讲话：“同志们，根据军区吕司令员的指示，回民教导队和回民干部教导队从今天起，就合并到一起了。这个部队的名称叫冀中军区回民教导总队，任命马本斋同志为总队长。”

雷鸣般的掌声响彻原野，回民教导总队的抗日健儿们举枪宣誓：跟着共产党，坚决抗日，革命到底！

次日早晨，马本斋和刘文正送铁成回军区。虽说刚刚认识，彼此都有“相见恨晚”的感觉，依依不舍。

“共产党员四海为家，今天回军区，说不定明天我又回来啦。”铁成深情地说道。

“铁成同志，啥时候给我们派政委来呀？”马本斋问。

“我想军区会有安排的，再说眼下有刘文正同志在，他也是老政工干部了。希望你俩团结一心，并肩战斗！”

“这你就放心吧，我们是老搭档了，心早就结在一起啦。”刘文正冲马本斋笑着说。

铁成从马本斋手里接过背包：“送君千里，终有一别，就此止步，咱们后会有期。”

消灭汉奸队

1938年9月，为粉碎河间山本联队的秋季“扫荡”，军区指示教导总队配合兄弟部队攻打淮镇，具体任务是敲掉汉奸周朝贵的司令部。马本斋召集大家进行讨论研究，制订了一套巧妙的作战计划。

淮镇在早年间，是在方圆百里颇有名气的热闹地方，逢五排十都是镇子上的大集，十里八乡、子牙河两岸的人们都来赶会。当地三教九流，形形色色，一连 5 天云集在淮镇街上做买卖和玩耍。自从周朝贵拉起六路军，尤其是周朝贵当了汉奸后，这个红红火火的地方，就变得冷落萧条多了。

25 日，正逢淮镇的集期。照往常来说，赶集的人不是很多。而今天，太阳刚刚出来，成群结队的老百姓就源源而来。

在赶集的人群中，有一个膀大腰圆的大汉，毫不费劲儿地推着小车，迈着大步往前赶路，不时地和同路人说说笑笑。此人就是回民教导总队的侦察班班长马铁男。他是奉马本斋的命令，化装成老百姓，前来淮镇“赶集”。因为他的个头惹人注目，寨门站岗的伪军特别注意他。当他走近岗哨跟前时，哨兵把枪一横，挡住了马铁男的去路，大声喊道:“站住，干什么的?”

马铁男不慌不忙地把车子一放，说:“小车推在手，两腿走四方，我是赶集的。”

“什么？赶集的？”哨兵斜着眼，端着枪，围着马铁男上下打量着，转了一圈，又问："卖什么的？"

马铁男笑着没有开口，只是把小车上的盖布一掀，露出了一些熟羊杂碎。

说也巧，正好一阵轻风吹来，一股香味钻进了哨兵的鼻子，馋得他不由得咽了一口口水。马铁男逗趣地说："老总，这羊杂碎还香吧？"

"不错，不错，香、真香。"

马铁男顺手拿起一块羊肝儿和一块羊肚儿："自家做的，老总站岗辛苦了，来点尝尝。"

哨兵抹着嘴角的口水，连忙接了过去，随后把手一扬："快进镇子赶集去吧！"马铁男推起小车，和其他化了装的队员们大摇大摆地向街里走去。

攻打汉奸周朝贵的时间是凌晨2点。头天晚上10点钟，马本斋集合起队伍，作了简单的战前动员后就出发了。他走在队伍的前面，这是他领兵打仗多年来的习惯。凌晨1点，马本斋带领的回民教导总队，悄悄地进入了预定的阵地，埋伏在淮镇的西寨门外。

凌晨2点整，夜空升起3颗红色信号弹，随即枪炮声大作。马本斋举着盒子枪，大声喊道："冲啊！"

战士们如同离弦之箭，直向寨门冲去。

睡得正香的伪军们，被这突如其来的激烈枪声惊醒，个个吓得魂不附体，像一群无头的苍蝇，瞎跑瞎撞起来。待他们清醒过来，便开始疯狂地抵抗。

副官孙成仁提着手枪，上衣扣也没来得系，慌忙跑来向周朝贵报告："司令，不好了，八路把咱们给包围了。"

"什么？快去传我的命令，要死守寨门，谁不听就地枪毙。"孙成仁正要转身，马弁又慌慌张张地跑进来报告："司令，西寨门、北寨门都被八路军炸开啦！"

"浑蛋，不可能！"

"司令，千真万确，是那些白天赶集的人干的。"

此刻，马本斋带领教导总队从西寨门冲了进来，与敌人展开了巷战。这里的街道和地形马本斋十分熟悉，他对刘文正说：“老刘，你带大队对付敌人，我带一个排去抄周朝贵的司令部。”说完，马本斋带着30多个战士向前冲去。

他们绕过两条胡同，进入大街，边打边冲，很快来到南大街周朝贵的司令部。马本斋指挥战士用机枪火力封堵前门，他则带着几个战士，踩着“人梯”跳进了后院。这时，周朝贵带着副官孙成仁正准备从后门逃走，一看马本斋从天而降，先是一惊，然后忙闪身到房下的柱子后面，向马本斋开枪。

周朝贵边打边退，马本斋紧紧咬住不放。他们从后院打到客厅，又从客厅追打到前院。在追打中，马本斋偶尔发射一枪两枪，故意不命中，却又枪枪不离周朝贵近身，因为他一心要抓活的。周朝贵只是拼命地开枪抵抗。当打到前院的屋檐下时，周朝贵枪里的子弹打完了。

这时，大门已被打开，战士们潮水般涌进院来，团团围住周朝贵，周朝贵呆若木鸡站在屋檐下。马本斋把枪往腰里一插，走到周朝贵面前轻蔑地说：“周大司令，我们又见面了，可惜你的枪法太差啦。”

马本斋走到屋檐下，瞟了一眼挂在大红柱子上的“狼牙剑”。周朝贵的三角眼也随着马本斋的目光落在了“狼牙剑”上。

马本斋指着“狼牙剑”说：“周大司令，还记得那首诗吗？‘他日戎马沙场见，剑影森森诛狐鬼。’”趁马本斋转身时，周朝贵一个箭步蹿到大红柱子下，伸手“唰”地一下抽出“狼牙剑”，猛地向马本斋刺去。

马本斋听到响声，身体急向左边一斜。由于周朝贵用力过猛，向前打了个趔趄，差点扑倒在地。马本斋顺势扬手，从背后抽出系着红缨的单刀：“请吧！”

周朝贵瞪着三角眼，紧握“狼牙剑”使足了劲，拿出他多年来练就的功夫，一翻手，先使了一个“白蛇吐信”，狠狠地向马本斋的心窝刺去。

马本斋不慌不忙，轻轻把身体往旁边一闪，一招“旋转扫刀”，把周朝贵的“狼牙剑”扫到了一边。周朝贵低头一个“黑狗钻裆”，马本斋转身一跳，恰好落在周朝贵的背后，抬手使了个“马步平劈”，使劲用刀背向周朝贵的屁股上一拍，把周朝贵打了个趔趄。此刻的周朝贵活像一条疯狗，呼哧呼哧地喘着粗气，舞动“狼牙剑”乱砍乱刺，完全没有了招数。

马本斋见周朝贵黔驴技穷，便一招儿紧接一招儿，刀似银龙，脚带风声，霎时间，前后左右都是马本斋的身影了。最后，马本斋使了个“缠头前踢”，飞起一脚，把周朝贵踢翻在地，“狼牙剑”“当啷啷”扔出去老远。

马本斋命金震河把周朝贵捆起来，押送军区。

05

英雄本色

军区再命名

1938 年 10 月初的一天，公审汉奸周朝贵的大会在淮镇举行，军区首长也前来参加了这次公审大会。马本斋陪同军区首长坐在主席台上，看着淮镇人民同仇敌忾、积极抗日锄奸的热烈情景，感到无比的欣慰。

会后，军区首长说："本斋同志，你们这一仗打得很好，有勇有谋，活捉了周朝贵，消灭了他的汉奸队，这对山本联队是一个重大的打击。"

马本斋说："周朝贵是我的老对头，他骗过我，抓过我，也追杀过我。我对他很了解，对付这种人，就得以其人之道，还治其人之身。"

“你们回民教导总队，经过这段时间的训练和作战，进步很快，已经成为咱们冀中军区一只有力的铁拳啦！”

“首长，我们和兄弟部队比起来，在思想作风、战斗经验方面，还相差一大截子。”

军区首长摆摆手笑着说：“咳，不能这样讲。咱们当兵的不是有一句话吗，一天是新兵，三天是老兵，你们已经算是久经考验的大主力了。”

两个人高兴地笑了起来。

“本斋同志，我还要告诉你一个好消息：军区党委批准了你的入党申请，你已是一名正式的中国共产党党员了。但要成为一名真正合格的共产党员，还要继续不断地学习和改造啊！希望你在军区党委的领导下，与总队的其他同志一道，把这支回民部队带好，多打鬼子，多打胜仗！另外，军区党委决定派刘文正同志去地方从事回民建国会（抗日政府的民族机构）的工作，第3分区回族干部丁铁石同志来接任政治部主任。”

马本斋猛然站起身来，紧紧地握住军区首长的手，眼里闪着晶莹的泪花，激动得好久没说出话来，最后从肺腑里吐出几个字：“请党组织放心！”

当晚，马本斋彻夜未眠。他回想自己曾在入党申请书中立下的誓言：决心为回族的解放奋斗到底。今天，组织上虽批准自己入党了，但要成为一名真正的共产党员，还得更加努力学习，不断改造思想、提高能力。首长的告诫犹在耳边回响。于是，他把《国际歌》的歌词工工整整地在笔记本上默写了一遍，又把前不久上级机关发给他的一本《论持久战》认认真真地学了起来。他视这本书为法宝，研究得很细，章节都记得很熟，还写了大量的读书笔记，在讲军事课和实际作战中也运用自如。

10 月底，武汉失陷后，参加会战的部分日军从华中调回华北，开始对冀中抗日根据地进行“围攻”，回民教导总队奉命开赴青沧地区阻击日军。马本斋带领部队夜袭青县车站，围攻沧县杜林镇，消灭了大量敌人。仅在这年冬季的 3 个月中，作战 30 余次，毙伤日军 500 余人，破坏津浦铁路 70 余次。马本斋和回民支队威名大振，许多回、汉青年闻风响应，纷纷参军入伍，回民支队迅速扩大到 1500 多人。

1939 年 7 月，军区党委决定让回民教导总队转移到无极、藁城一带去开辟新的根据地。部队出发这天，晴空万里，没有一丝云彩，一马平川的原野上，地里的庄稼长势正旺，抗日健儿浩浩荡荡地行进在青纱帐间的大车路上，个个精神抖擞，队伍威武整齐。马本斋走在战士们的行列里，看着这钢铁般的洪流，感到由衷的高兴。

按行军计划，中午 11 点 30 分，要到达饶阳县的官亭村吃午饭。马本斋看了看前面隐约可见的村庄，像发现了什么情况似的，对身边的司号员命令说："传我命令，部队迅速隐蔽疏散！"转眼之间，宽阔的大车路上，千军万马消失得无影无踪。

这是一次实战化训练，马本斋善于利用一切可以利用的机会和条件来训练部队。这是他从多年带兵打仗的实践中悟出的道理：平时练得硬，战时少牺牲。苦练，也是爱护。

部队到达官亭村，进入村头的一片树林休息时，马本斋及时对刚才的训练作了小结。他一边讲评一边做着示范动作。战士们听得津津有味，浑身带劲，行军的疲劳早已忘得一干二净了。

正在这时，忽见远处有一骑兵飞也似的向这里奔来，到了近处，大家认出是军区通讯员小谢。

小谢来到马本斋跟前，飞身下马，敬礼后，从文件包里取出一封电报交给马本斋。

这是军区发来的一封电报，马本斋急忙打开阅看：

“经军区党委研究决定，命回民教导总队改编为八路军冀中军区回民支队，马本斋同志任司令员。”

马本斋兴奋地把电报高高举起，大声宣布说：“同志们，报告大家一个好消息，军区首长无比关怀我们回族武装，经军区党委研究决定，我们回民教导总队命名为‘八路军冀中军区回民支队’啦！这是党中央和军区对我们极大的信任，我们……”

热烈的欢呼声和雷鸣般的掌声，打断了马本斋的讲话。“同志们，为庆祝军区给我们部队这个光荣的命名，今晚我们开个晚会，欢庆一番，好不好？”

当天晚上，回民支队在官亭村召开了庆祝命名联欢会，附近的群众也闻声赶来参加。晚会的舞台是利用一个大土堆搭起来的，周围用苇席围着。前台的两边用两根大杆子，各挑着一盏汽灯，把台子照得如同白昼。舞台上拉着一条大横幅："庆祝回民支队命名联欢晚会"。

各大队、各中队准备的节目相继登台表演，战士们看得兴高采烈，当演出逐渐进入高潮时，报幕员用洪亮的声音报告："下个节目，京剧《打渔杀家》，表演者——马司令员……"还没等报幕员说完，就爆发出长时间雷鸣般的掌声，经久不息。

马本斋扮成老肖恩，摇着桨，迈着优美的台步出场了。几个动作之后，他把白胡须一挑，叫板唱了起来："父女们打鱼在河下，家贫哪怕人笑话……"他唱、念、做，还真是有点功夫。战士们不时地为司令员优美的唱腔鼓掌。

马本斋演完回到后台，正在卸妆，报幕员跑过来对负责晚会的2大队教导员黄澄说："教导员，有两个老百姓也要上台演一个节目。"

"欢迎呵！"随后，报幕员上台说道：

“抗日烽火映红天，人民战士斗敌顽，军爱民来民拥军，鱼水深情唱不完。下一个节目，请看官亭村郭大爷和他的孙女郭小玲演唱河北梆子《水上遇亲人》。”

在热烈的掌声中，一位60多岁的老人和一个小姑娘欢快地走上舞台。警卫员小金碰了马司令一下，说：“司令员，这不是在滹沱河上救起的那位老大爷和小女孩吗？”

“没错，是他们。”

爷儿俩二话没说，便唱起来：

滹沱河呀弯又弯，
曲曲流过大平原，
风狂浪高水流急，
好似野马奔向前。
在今天，我们爷俩划着船，
紧撤渔网慢拉线，
突然船舵一声响，
激流把舵冲两半。
小船好似风筝断了线，

直冲下游的两条大船。
小船撞大船，
横祸在眼前，
咳哟哟呀怎么办？
水流激呀船似箭，
千钧一发真危险，
两岸乡亲把心担。
大家正不知怎么办？
忽见一人往河堤上站，
大喊一声向河水里钻，
你要问这好汉是哪个？
他就是回民支队的马司令员。

“铁军”传英名

1939年10月，回民支队命名后不久，上级派来了考察团，对回民支队的工作进行检查帮助。马本斋多次请求军区程子华政委派红军干部来当政委，于是，考察团工作结束时，就把经过长征锻炼的干部郭陆顺留了下来。

郭陆顺，湖南浏阳人，出身于苦大仇深的农民家庭，20 岁参加中国工农红军并加入中国共产党，参加过长征，是一位具有丰富工作经验和经历的政工干部。他的到来，像股春风把红军部队的好传统、好作风带到了回民支队。他和马本斋一道建立健全了各级党组织，尤其是加强基层党支部建设和发挥党员的模范带头作用，培养骨干，发展党员，开展政治思想教育，整顿作风纪律，经过半年多时间的建设，回民支队面貌焕然一新。

1940 年 4 月的一天，郭陆顺从军区开会回来，他向马本斋传达完军区首长的指示后，语气突然变得沉重起来："老马，还要告诉你一个不幸的消息！"

马本斋惊讶地问道："什么不幸的消息？"

"你的老战友，在河间回民建国会工作的刘文正同志不幸牺牲啦！"

马本斋站起身来，一把摘下军帽，望着远方，痛楚地念叨着刘文正的名字。在革命的道路上，刘文正是他的老同志、老战友，也是最先启发他阶级觉悟、引导他走向革命的一位良师益友。马本斋用低沉的声音自言自语，又像是对郭政委发誓：“我们一定要狠狠地揍鬼子，为死难的烈士们报仇！”

郭陆顺安慰他说：“老马，不要过分悲痛，这个仇，我们是一定要报的。领导要我们去军区开会，估计要有新的任务了。”

第二天，马本斋司令员和郭陆顺政委从军区开会回来，回民支队全体指战员都已集合在村边的空场上。他俩来到部队面前，开始对部队进行动员。

郭政委说：“同志们，这几天没有打仗，大伙不是手痒痒，想打鬼子吗？现在我给你们带来新任务了。军区首长命令我们回民支队开到深南（深县南部地区）去打鬼子，在那里开辟新的抗日根据地。同志们，我们回民支队是八路军中一支野战部队，正像回民支队队歌中所唱的那样：是一把钢刀，哪里敌人最硬，就往哪里砍；哪里鬼子最猖狂，就往哪里杀。”

马本斋接着说道：“深南地区是日寇盘踞的巢

穴，北面是沧石公路，西面是京汉铁路，这是联结冀晋鲁豫广大地区的枢纽，也是日寇侵华战争的战略要地。原在深南地区活动的我军主力部队，于年初由程子华政委率领南下，讨伐伪军石友三；吕正操司令员率领冀中军区几个团到平汉路西，与晋东南部队配合，讨伐伪军张荫梧和国民党顽固派朱怀冰。日本侵略军利用我军南下讨逆之空隙，强迫老百姓抢修沧石公路，妄图分割、封锁我冀中抗日根据地。他们还运用‘铁壁合围’‘梳篦扫荡’战术，对当地居民进行大肆屠杀，使这片富庶之地，被糟蹋得哀鸿遍野，满目疮痍。‘抬头见岗楼，低头是公路，无村不戴孝，处处是狼烟。’我们回民支队就是在如此背景下，奉命要以闪电般的速度，神不知鬼不觉地插入深南地区，去开辟新的抗日根据地，我们一定要完成好这次任务。”

夜已很深了，马本斋还在小油灯下，查看地图，研究周围的敌情：敌人在衡水、深县、深泽驻有兵力 3 万余人，装备有汽车、火炮，修有坚固的碉堡工事，公路四通八达，电话通讯顺畅，是日军煞费苦心搞起来的大本营。回民支队则刚进入这个新区，地形地物和民情都不熟。马本斋意识到，要想在敌众我寡的形势下把这抗日烽火点燃起来，在战略上必须紧紧地依靠人民群众，使部队深深扎在民众之中；在战术上，不能靠拼消耗，必须运用机动灵活的游击战术，或诱敌深入，或两面夹击，或声东击西，或夜间偷袭。总之要看准时机，打它个措手不及。

第二天，马司令员和郭政委召集各大队干部开会。3 位大队长先后慷慨激昂地发了言，都表达了干部战士想立即投入战斗，与日本鬼子大干一场的迫切心情。马本斋听大家讲完后，一没回答他们提出的问题，二不谈军事部署，只是讲了一个关于打胜仗与人民群众密切关系的故事，阐明了当前要紧紧依靠当地群众的重要性。

政委郭陆顺接着说："一支部队光会打仗还不行，还要学会做群众工作，紧紧地依靠老百姓，使人民群众成为部队的坚强后盾。"

马本斋摊开一张作战地图，对大家说："反'梳篦'战斗就从康庄开始。我们刚来这里，敌人对我们还不很了解，我们必须利用这个机会，好好地打一次伏击战，打痛鬼子，激励民众。我们的口号是：军民团结紧，消灭鬼子兵，纪念红五月。”

会后，回民支队的干部战士全都投入做宣传群众、组织群众、武装群众的工作。

一天深夜，马本斋出来查哨，他站在村头，望着安家村鬼子据点露出的微弱灯光，忧心地说：“这安家村的据点是深县、衡水之间的一根硬鱼刺，我们一定要想办法把它拔掉。眼前的问题是，还没把敌人的活动规律完全摸透。”

正在站哨的金震河说：“现在我就带两个人过去，从据点抓个‘舌头’来。”

“不，‘舌头’就在这公路上。”他看了看表，说：“现在离拂晓还有一个半钟头。你现在就回去告诉马铁男，叫他拿两根电线，带一只电话耳机来。到时候你就明白了。”

不一会儿，马铁男带着电话线、耳机来了，按照马本斋的交代，他乘着夜色爬到公路边的电线杆子下面，敏捷地将电话线搭在敌人的电线上，用耳机探听敌人的通话情况。拂晓前，耳机突然发出了“咕咕”的声音，不一会儿，日军与汉奸果然通起话来了。

马铁男将听到的对话详细地记了下来，向马本斋作了汇报。马本斋听后说：“你侦察到的情况与前几天李老汉提供的情况是一致的。”

原来，马本斋找几个老乡聊打鬼子的事，一个姓李的老汉说，前段时间他被汉奸抓到安家村据点去打了两个多月的杂厨。他有起早的习惯，每天拂晓前，总能听到安家村的鬼子汉奸要和衡水的鬼子通一次电话，如果电话畅通无阻，说明夜里这一带没有八路军活动，敌人就放心无事了。

“现在我们可以行动了。铁男，你明天拂晓前，再到交通沟里去，待敌人通话后，将电话线掐断，干漂亮点。”说完，他就去找郭政委、参谋长研究战斗部署了，他们决定在康庄来一个“引蛇出洞，围点打援”的实践。

马本斋命令第 7 中队及衡水县游击大队，于 29 日晚隐蔽在安家村据点附近的麦田里，次日拂晓佯攻该据点；命令第 4、第 6 两个中队埋伏在康庄，第 5 中队埋伏在康庄东面的下庄。下庄与康庄相距只有 500 多米的开阔地带，是衡水到安家村的必经之地。

1940年5月30日凌晨，第7中队准时向据点发起攻击。这突如其来的打击使安家村据点的敌人惊慌失措，于是急忙向衡水求援。求援电话刚一打完，马本斋立即命令割断敌人的电话线。

上午8点左右，一贯骄横的驻衡水之敌，派出100多个日军和200多名汉奸杀气腾腾地向安家村据点赶来。当敌人全部进入康庄的伏击圈后，指挥员一声令下，霎时间伏兵四起，杀声震天。敌人在回民支队密集火力的攻击下，被迫窜入两米深的道沟，欲战无力，欲逃不能。接着，马本斋又将第二梯队派上去增援。在强大的攻势面前，敌人乱作一团、死伤一片。活着的汉奸，见势不妙，纷纷缴械投降。顽固的日军，狂叫着与回民支队的战士展开肉搏战，刀光剑影，短兵相接，战斗十分惨烈。战斗仅进行了40多分钟，日伪军被全部被歼。

敌人的一份战报这样记述："康庄之役，除一人逃出外，其余全部殉职。"

康庄一战，是回民支队进入深南以来的一场漂亮仗，打出了回民支队的军威，极大地震慑了盘踞在这一地区的日伪军，鼓舞了当地人民抗日斗争的热情。

晋察冀军区聂荣臻司令员高度赞扬了康庄伏击战，称：在平原游击战中赢得这样的胜利，不只是回民支队的光荣，也是冀中军区八路军的光荣。称其为“能征善战的回民支队”。

1940 年 10 月，在冀中军区第三次政治工作会议上，奖给战功卓著的回民支队一面锦旗：“打不烂，拖不垮，攻无不克的铁军”。毛泽东也给予高度评价，亲笔题写了“百战百胜的回民支队”9 个大字。

故里再征战

这支英雄的回民武装，开赴深南地区一年多来，在马本斋的率领下，点燃了深南地区的抗日烽火，收复了白洋淀周围的大片失地，开辟了无极、藁城等抗日根据地。经过血与火的战斗洗礼，回民支队迅速成长为共产党领导下的能征善战的抗日劲旅。

1941 年 6 月，马本斋奉命率领回民支队挥师东进，回到他转战多年的子牙河两岸。部队正好路过马本斋的家乡，他在家乡作了短暂的停留。

“马司令员回来啦！”

“本斋大叔回来啦！”

东辛庄的男女老少奔走相告，一时间，大街小巷挤满了人，全村男女老少把队伍围了个水泄不通。白老庭站在村头上，指挥儿童团唱着抗日歌曲，迎接自己的队伍凯旋而归。

这些听惯了子牙河的涛声，喝惯了子牙河河水的战士们，今日回到了自己的故乡，那个高兴劲儿就甭提了。

马司令员的家更是热闹非凡，他家三间土坯房和院子里挤满了大人和小孩。

马本斋把郭陆顺政委、丁铁石主任、张刚剑参谋长等同志请到自己的家里。母亲早已在家做好了迎接的准备。一进门，马本斋就拉着郭政委向母亲介绍：

"娘，这就是郭政委。"母亲拉着郭陆顺的手，亲热地说道："好！好！快坐快坐，这也是你们的家！"

这时，淑芳、玉英都抱着孩子走进屋来。母亲指着淑芳向大家说："这是本斋家的。"又指着玉英说："这是进城家的。"

郭政委接过孩子边逗边说："大娘，你们家可真是个革命大家庭呀！"

"嗨！咱穷苦人不革命，就没法过日子了。都是被鬼子逼的呀！这几年，河间那个狗山本，可把咱老百姓糟蹋苦了。"

郭政委站起身来说："大娘，我们这次回来，就是要收拾这个狗东西！"

马母拉着郭政委的手："好，你们狠狠地打，给咱老百姓出出气！"

淑芳今天特别高兴，她忙里忙外，一刻也不停。她把茶壶放在炕桌上，转身又到东厢房炸油香去了。马本斋知道她一个人忙不过来，也随即跟着淑芳到了东厢房。淑芳炸油香煎锅，马本斋蹲在锅台下烧火。马本斋一边烧火，一边不住地看着淑芳。淑芳被看得不好意思，说：“看啥，不认识啦！”

马本斋加了一把柴，说：“认识，咋不认识，我是看你比过去见瘦了。怎么，身体还好吧？”

一句话问得淑芳心里热乎乎的，她俊秀的脸上，霎时泛起几年来少见的红晕，羞涩地看了丈夫一眼，故作生气地说：“你们男的就是心硬，一走就是几年，也不常给家里捎个信儿来，成天让家人提心吊胆的。”

“谁说不常给你捎信儿，大炮、机枪、手榴弹，天天在响，那就是在告诉你，我们又在消灭日寇了，这不就是给你捎信儿了吗？”

淑芳深情地瞟了丈夫一眼，笑道：“可人家咋知道你们消灭了多少鬼子！”

淑芳说着把锅里炸好的油香捞出来，又把几个生的放到锅里，说道：“孩子天天喊着想爸爸，总是问我，娘，爸爸怎么还不回来呀？”说到这里，她的眼圈湿润了。

马本斋很理解她此刻的心情，连忙站起来，手抚着淑芳的肩头温存地说：“看你，孩子都老大了，你这个当妈妈的倒成了小孩子了。说话流泪，真成林黛玉了。”说着就要去替她抹眼泪。

“去你的，你知道人家心里多……”

夫妻俩正说着，4岁的儿子小金树跑了进来，嘴里不住地喊着：“爸爸，我要枪，我要枪！”一头扑进了爸爸怀里，马本斋爱抚地摸着儿子的头。这时，白老庭叼着小烟竿进来：“呵呵，你们这是在唱哪出戏呢，这么热闹。”

马本斋见白老庭来了，忙上前热情招呼：“老庭大伯，你好哇，几年不见，您身子骨儿还是那么硬朗，可真是老当益壮呀！”

白老庭乐呵呵地说：“本斋，要说身体，咱敢和你们年轻人比试比试，我还要等着亲眼看见小鬼子完蛋呢！哈哈哈……”

淑芳拿起一个油香递给白老庭，说：“老庭大伯，尝尝我炸的油香。”

白老庭吃了一个油香就往外走，说：“本斋，我还有事先走了，等一会儿我再来，咱爷俩得好好地唠唠。这会儿不耽误你两口子说话了。”

马本斋送走白老庭回来，帮着淑芳把炸好的

油香端进了北屋。这时，马本斋的父亲马永长挑了两筐西瓜回到院子，乐呵呵地把瓜放在老椿树下，大声喊道："本斋，快请政委、主任、参谋长来尝尝我种的瓜。"

屋里的人都应声跑了出来。马本斋捧着一个又圆又大、沉甸甸的西瓜，熟练地用刀分成几大块，郭政委、丁主任、张参谋长一人拿起一块吃了起来，大家异口同声地夸赞：这瓜真甜哪！

"可不是，满地都是，圆滚滚的！"马永长自豪地说道。

马本斋吩咐警卫员："小金，你通知同志们，到我家地里摘瓜吃，让我爹领你们去！"

第二天下午，回民支队召开军民联欢暨战前动员大会。马司令员、郭政委以及村长、战士家属代表都讲了话。清真寺的阿訇为部队做了祈祷，他说："我们穆斯林同胞，为有这样的一支队伍，为有本斋司令员这样的领头人感到自豪。我的主，保佑我们的队伍到河东去多打胜仗，凯旋而归。"

马本斋带领回民支队回师子牙河两岸以来，犹如蛟龙得水，在人民战争的汪洋大海中自在遨游。他准确掌握敌情，以机智灵活、迅雷不及掩耳之战术，多次给予驻扎在这里的日本侵略者以沉重的打击。

山本被马本斋搞得晕头转向了，他顾此失彼，大伤脑筋。这些天来，他正绞尽脑汁，寻找对付马本斋的办法。

山本联队司令部设在河间城西大街的天主教堂里。这时，他正在屋里来回踱步。自从日军对冀中平原实行重点军事进攻，他的联队占驻河间地区以来，他就像坐在了火山口上一样，没有睡过一个安稳觉。回想起前几年与马本斋的周旋，连吃败仗，现在马本斋率领回民支队又回来了，仅在 10 来天之内，就搞掉了他 30 多辆汽车，拔掉了他七八个据点。

真是冤家对头！昨天，自认为足智多谋的山本，派人给马本斋送了一封信，他正企盼着奇迹的出现。

这时，汉奸翻译崔丰久急促地走进山本的办公室。他脸色苍白，慌慌张张跑到山本跟前，轻轻地报告说：

“太君，马本斋回信啦。”

山本一听马本斋回信了，立刻振作起来，瞪大两只布满血丝的眼问：“信在哪里？”崔丰久将信打开，一字一句地念道：

“……中国有句古语，叫冤家路窄。有我马本斋，就没有山本；有你山本，就没有我马本斋……”

山本的脸色立马沉了下来，一巴掌打在崔丰久的脸上：“你的，良心大大地坏了的，给我滚出去！”

崔丰久挨了一巴掌之后，灰溜溜地往外走，一出山本联防司令部，迎面碰上了叛徒哈少甫。

“怎么样？马本斋愿意过来吗！”哈少甫问。

“愿意？老子的牙差点被打掉了！我如今真像老鼠掉进了风箱——两头受气。”崔丰久边骂边摸腮帮子。

“哎！真是容易的买卖赚不了大钱。”哈少甫说完，神气十足地朝山本办公室走去。

“太君，马本斋的过来了？”

山本转向哈少甫，神经质地狂吼道：“马本斋的在哪里？”

“太君！”哈少甫上前对山本说，“那个马本斋本来就是平原上的一只虎，如今参加了八路，更是长了翅膀。”

“你讲的，实在实在的。”山本心情似乎平静了一些。

“我在皇军面前不敢讲假话。”哈少甫又说，“早年，马本斋是练拳院的人，能飞檐走壁，他的侦察队是他训练出来的，有神出鬼没的能耐。此人不除，后患无穷！”

“马本斋的，是中国人的这个！”山本跷起左手大拇指，“我山本是日本人的这个！”山本又伸出右手大拇指。

“太君，要征服马本斋，我倒有一计。”

“什么计？你的说。”

哈少甫附在山本耳边嘀咕了好一阵。

山本听后，两手当胸一抱，耸肩大笑：“你的，大大的聪明。你比崔丰久大大的有用，就按你妙计的去办！马本斋过来的，金票给你大大的！”

英雄母亲

1941 年 8 月 27 日，山本带着 500 多名日军和伪军包围了东辛庄。村边站岗的青年抗日先锋队队员发现有敌情，连忙发出信号，马母和村里的大部分群众隐藏到村外的庄稼地里。敌人直闯马本斋家，见家里无人，便挨家挨户进行搜查，将还未来得及撤离的群众驱赶到清真寺旁的空场上，四周架起机枪，端着刺刀逼问马母的下落。乡亲们眼中喷着怒火，没一人说话。

日军宪兵队队长和汉奸翻译崔丰久气急败坏，从人群中拉出抗日先锋队队员马维良、马维安二人进行审讯，并施行捆绑、吊打、灌辣椒水、火烤等种种酷刑，马氏兄弟宁死不讲，疯狂的日军将二人活活打死。

下午，躲藏在村外的群众也被日伪军赶了回来，马母就在其中。

崔丰久又从人群中拉出一位 50 多岁的汉人王兆喜进行逼问。老王任凭敌人皮鞭抽打，宁死也不肯说出马母的下落。

马母看到为掩护自己而惨遭残害的乡亲和正在受敌人鞭打的老王，感动得老泪横流，她饱含仇恨的双眼直冒火星。

“住手！杀人的强盗！”人群中突然爆发出愤怒的喝喊。马母极力挤出保护她的人群，愤然来到崔丰久面前，指着他的鼻子骂道：“好狗还把三邻护，义马救主人世传。你这个禽兽不如的汉奸！”

崔丰久被马母的威严气势镇住了，结结巴巴地问：“你是谁？”

“我就是你们要找的马老太太！”

马母被捕后，诡计多端的敌人先是把她押到藏桥，以转移人们的视线。第二天，山本又亲自将马母从藏桥押送到河间。100 多个全副武装的日军，分乘 5 辆军车护送。山本和崔丰久押着马母坐在第 3 辆汽车上。

马母被捕的消息传到回民支队，战士们群情激愤，纷纷要求攻打河间救出马母。对于敌人的凶残卑劣，马本斋十分清楚。想到年迈的母亲生死未卜，他五内如焚，真恨不得即刻攻城救母，拼他个鱼死网破。但是身经百战的司令员一眼就识破了山本设下的“囚母迫降”和“金钩钓鱼”的连环毒计。他强忍悲愤劝告大家：“山本抓我母亲用心毒辣，他是想激怒咱们，让咱们冒险行动，趁机吃掉回民支队。咱们要以党的事业和抗战大局为重，绝不能上敌人的当！”

马母被押进了宪兵队。宪兵队队长兼便衣队队长伍长古次把她“请”到一间摆设雅致的客厅里设宴招待：“这些东西是回民的，您的来到这里，可以大大的享福，不用客气。”

马母冷笑了一声：“哼！谁稀罕你们这些臭东西。”

当天晚上，伍长古次开始对马母进行审讯。

审讯是从盘问家庭情况开始的，马母闭口不答，只是镇定地坐在那里。当问到“你的儿子几个？”时，马母回答：“3 个。”

“都叫什么名的。”

“都叫‘抗日’。”

古次蓦地站起来，拉长嗓门儿问："老二呢？"

"装糊涂，他就是你们要抓的马本斋。"

伍长古次的脸皮抖动了一下，缓和了口气竖着大拇指说："老太太，你二儿子马本斋是英雄的这个，叫他的过来。"

马母把头抬得高高地说："用不着啰唆，我知道你们把我抓来是干什么的。我儿子对我说过，他哪儿也不去，只有一个心眼，就是跟着共产党、八路军，抗战到底。你们要他到这边来，是白日做梦。"

"八路的，慢慢的，统统的死啦死啦的！"伍长古次发疯似的叫起来。

崔丰久也在旁边劝道："哎！马老太太，你别不识时务了。皇军说，八路军快完蛋了，回民支队也是兔子尾巴——长不了。你的马本斋跟着共产党有什么好处呀？共产党最后会把你们斩尽杀绝。"

马母呼地站起来指着他的鼻子骂道："闭上你的狗嘴！杀人放火的、奸淫抢劫的不是共产党，正是你们。东辛庄的清真寺是谁烧的？我家的房子是谁烧的？活埋清真寺阿訇是谁干的？杀死东辛庄十几个青年的又是谁？都是你们这些披着人皮的豺狼。”马母越说越生气，大声叱骂：“你这条日本人的走狗，日本人是你的爹，还是你的娘？你跟着他们到处乱咬乱吠。”

“八格牙路！”伍长古次拔出洋刀，咆哮着威吓马母。

“要杀要剐随你们的便，我进了你们这个阎王殿，就不指望活着出去。”

伍长古次立即换了一张脸，伸出大拇指说：“老太太，你是这个，大大的。”

第二天，河间伪县长孙蓉图前来求见，他一进到关着马母的房子里，就彬彬有礼地摘下礼帽，然后向马母来了个90度的鞠躬，自我介绍说：“马老太太您好！鄙人姓孙，名蓉图，在县府任职。”

马母把头一扭，轻蔑地说：“听说过，县长老爷，你来干什么，就直说吧。”

孙蓉图坐在马母对面，装出一副拉家常的和善面孔：“鄙人此次前来拜访，想与老太太说几句心里话。我孙蓉图历来对人推心置腹。俗话说，‘美

不美，家乡水；亲不亲，故乡人’嘛。”

“有话尽管说，用不着拐弯抹角的。”

“遇事爽快，佩服！事情的来由是这样的，眼下国家正需要人才。你的儿子马本斋早年从军任过团座，是千秋骏骥，万世师表，也是河间不可多得之人才，可谓文能治国，武能安邦。所以敬请老太太给令郎修家书一封，请其过来，共谋大事。何如？”

马母冷冷一笑：“县长大人，你把我儿子说得都成了神仙啦，他只不过是个攥锄把子出身的人，只会打鬼子、杀汉奸。要他过来，恐怕是儿大不由娘，难呀。”

“马司令不一样，他是有名的孝子，您的话，他一向唯命是从。如今，只要您给他写个信，他岂有不来之理？自古道，羊有跪乳之恩，鸦有反哺之义。大仁大孝之子，对母亲的教诲是不敢违逆的。”

“儿是我生的，我了解，对的话，他听；这个话，他绝不会听的。”

“人嘛，总得讲个实际。令郎跟着八路军、共产党，风餐露宿，忍饥受寒，何苦呢？您老人家年过花甲，马司令又有妻室儿女，总得有个归宿吧。我不希望我的乡亲们终日颠沛流离，如果您叫令郎过来，我们将会让他高官任做，骏马任骑，您老人家也能享受富贵荣华，共享天伦之乐。”

马母站起来说：“哼！依我看，荣华是草上露，富贵是瓦头霜。孙蓉图，我问你，是谁叫你在我面前卖这狗皮膏药的？”

“老太太息怒，鄙人一不代表政府，二不代表皇军，三不代表其他任何人。我只不过出于乡里之情，同您老人家叙谈叙谈而已。”

“谁不知道你是河间的铁杆汉奸，我们没有什么好谈的。”

孙蓉图碰壁后，山本又指使河间伪警察局长刘永江前来收买马母。他们目的只有一个：逼连成婶给马本斋写信，劝降。可是，他们得到的，同样是一顿痛骂。

敌人的“以中国人治中国人”的鬼把戏又彻底破产了。

山本仍不死心，他从河间城里物色了一个 50 岁左右名叫佟万成的回民，他原是个小商人，现在在伪县政府当传达员。佟万成的妻子有亲戚在东辛庄，管连成婶叫妗子。在山本看来，中国回民是重感情的民族，“以回治回”是一出压台好戏。

6名荷枪实弹的日本兵，把马母押送到佟万成家。

佟妻将马母搀扶着走进院东头的房子住下后，好生伺候。马母深知佟万成夫妇被敌人利用，实属万般无奈，就对他们进行说服教育。佟万成也起誓，不为日本人卖命，说道：

“我看您老人家在鬼子面前这样有骨气，我真羞得要扎到地里去。真主看得见，我要是拿鬼子的东西，就进‘多子海’（地狱）。我要是再给日本人做事，就对不起您，对不起乡亲们。”

敌人“以回治回”的诡计也没得逞。山本不得不亲自出马。

1941年9月3日，山本带着哈少甫来到佟万成家。哈少甫望着躺在床上的马母，假装毕恭毕敬地说：“大姑，我是少甫，我来看您来啦。”

“你离我远一点儿，给我滚开！”马母憎恶地骂道。

“大姑，我今天陪山本联队长来的，他想跟您老人家谈一谈。”

马母斜了山本一眼，立马转过身去。

“老太太，想好了吗？快给你儿子写信的。”山本俯身在马母的身后说。

马母根本不理睬他。

“大姑！你想开点吧，大皇军在子牙河东打了大胜仗，把回民支队的人打死了不少，你快叫表哥回来。等到把表哥抓过来，后悔可就晚了。”

“老太太，今天你的不写信，叫你死啦死啦的！”山本又翻脸号叫起来。

“我早就知道你们的厉害，你们有本事就去对付马本斋，对付我这个快要死的老太婆算什么本事。告诉你，我到了河间，就没有想活着回去，想叫我写信办不到！”

“死啦死啦的，把她抓回监狱！”山本又发疯了。

“大姑，您再好好地想一想，还是给表哥写信为好。”哈少甫又上前规劝。

“呸！你这个叛徒！出卖祖宗、出卖灵魂的败类。你不配站在我跟前说话，滚！畜牲。”哈少甫被骂得倒退了两步，差点摔倒在墙根下。

“八格牙路！”山本拔出手枪，往桌上“叭”地一摔，“不写，就死啦死啦的！”

马母从容地从床上坐起来，掠了掠白发，怒视着山本，拍着胸膛说：“来吧，朝我这儿打！”

马母绝食 7 天，滴水未进，身体虽然虚弱，但是，在这凶狠毒辣的敌人面前，她的精神是那样的饱满、刚强。马母摘下手上的玉镯，奋力向山本头上砸去，明亮亮的玉镯发出清脆的声响。英雄的母亲，光荣的妈妈，倒下了，她进入昏迷状态。一阵剧烈的咳嗽使她稍稍清醒过来，她一边吐血，一边对佟万成夫妇说：“我不行了，我死后，你们告诉本斋，叫他狠狠地打鬼子，给我，给乡亲们报仇……”话没说完便闭上了慈祥的眼睛。

绝食 7 日的马母壮烈殉国，时年 68 岁。

马母牺牲的噩耗传到回民支队，马本斋及回民支队全体将士为她戴孝。马本斋眼含泪水，强压怒火，在母亲的遗像前肃立许久，然后奋笔疾书：“伟大母亲，虽死犹生；儿承母志，继续斗争！”

山本抓马母做人质逼迫马本斋投降的阴谋破产后，又企图利用叛徒哈少甫向回民支队报告，诡称大城有一批伪军愿向回民支队投诚，诱歼回民支队。此时，支队已掌握了哈少甫参与谋害马母的情况，将其扣押，交由冀中军区予以处决。

随后，马本斋率部转战沧县、河间、献县边缘地带，毙伤日伪军 500 余人，迫使山本联队龟缩于河间城内，不敢轻易外出。

马母与敌人英勇斗争的事迹，很快传遍了整个解放区。她那大无畏的革命精神，崇高的民族气节，鼓舞了抗日军民对敌斗争的力量！

冀中党政军群各界，为马母召开了隆重的追悼大会，延安各界也组织了悼念活动。八路军朱德总司令和彭德怀副总司令致电冀中军区："中国人民有这样的母亲，不仅是中国人民的光荣，回民的光荣，中国妇女的光荣，而且是中华民族绝不灭亡最具体的例证。"

《冀中导报》以"马老太太凛然殉国！""英雄马母，壮烈牺牲！"为题作了报道。

延安《解放日报》发表了消息和马母的英

雄事迹："气壮山河，回民队长之母，英勇殉国！""民族英雄马母精神不死！"

马本斋在这场严酷的斗争面前经受了考验，他奋不顾身地战斗在抗敌斗争的最前线，领导回民支队取得了一场又一场的伟大胜利，被朱德总司令誉为"母子两代英雄"。

血战冀中

1942年的华北战场上，英勇的八路军和游击队全面出击，狠狠地打击了盘踞在这里的日本侵略者。敌人大为震动，他们从正面战场抽调大量兵力回师华北，疯狂推行"强化治安"。日军华北方面军司令官冈村宁次叫嚷："欲确保华北，必确保冀中。"于是，在平、津、保、沧地区，发动了惨绝人寰的"五一大扫荡"。敌人采取"铁壁合围""对角清"等阴毒战术，对冀中实行分区"蚕食""扫荡"。同时强行组织保甲，实行所谓军事、政治、经济三位一体的“总力战”，企图全面肃清冀中平原抗日根据地的武装力量。

就在“五一大扫荡”前夕的4月27日拂晓，日军出动1000多人突袭了正在陈庄宿营的回民支队一大队。郭陆顺政委闻讯，与马本斋商量要去陈庄指挥战斗。马本斋劝他不要去，他开玩笑地说：“这批鬼子的武器好，是送上门来的肥肉，可不能让他跑掉了！”说罢，便赶往陈庄。

到达战斗前线，郭陆顺详细询问战斗情况，指挥部队击退了敌人多次冲锋，击毙、击伤敌人200余人。当他来到前沿阵地的一个土墩上，拿起望远镜观察敌情时，不幸被一颗流弹击中头部，光荣牺牲，年仅30岁。

马本斋得知郭政委牺牲的消息后，这个轻易不掉眼泪的刚强汉子失声痛哭。追悼会上，他把自己心爱的围脖儿亲手给郭政委围上，抚棺恸哭良久，他说道：“郭政委是一个好政委呀！他对回民支队的建设起了非常重要的作用，他是对我帮助最大的一个人。他为抗击日寇献出了生命，我们要永远记住他，多消灭鬼子，给郭政委报仇。”并亲自执锹埋葬战友。

反“五一大扫荡”开始后，冀中军民面临的形势日益残酷。为了减轻敌人对冀中抗日根据地中心区的压力，马本斋奉命攻打敌人在津浦路上的重要据点泊头镇和交河县城。回民支队强有力的打击，把敌人大批兵力吸引到津浦线，成功地掩护了军区主力部队突出重围，进入太行山区。随后，军区指示回民支队进驻子牙河以东群众基础好的青县、沧州、交河一带，继续与敌人展开周旋。

敌人为了集中围攻尚在冀中坚持战斗的回民支队，6月1日，调集1.5万余日伪军，分别从河间、献县、交河、阜城、东光等地出动，对回民支队进行重重包围。得知这一情况，马本斋分析判断，敌人虽然对我军已完成战役性包围，但对我军的具体位置还没有搞清楚，尚未形成合击之势。在没有摸清敌人意图和行动方向之前，部队不可轻率行动，否则就有全军覆灭的危险。

马本斋随即派出几支精干的侦察分队了解敌情，接着从地图上寻找合适的隐蔽地点。根据地图标志，阜东千顷洼有一大片丛林，于是，命令部队先到千顷洼隐蔽，而后待机行动。

部队星夜出发，向千顷洼疾进。到达目的地后，发现大片丛林已被敌人强制砍伐，只剩下一些荆丛棘树，树木稀疏，部队难以隐蔽。马本斋又命令部队立即进入附近的高庄、纪庄两个村子。司令部设在高庄村北的小场屋内，战士们严密设防，封锁消息，子弹上膛，整装待命。

这时，侦察员陆续回司令部报告敌情，地方敌工部门也派内线送来紧急情报。马本斋召开会议研究分析，他说："敌人从南、西、北三面张开口袋，渐次向东推进，迫使我军进入极其危险的两难境地。如我军向西运动，必钻入其口袋；如向东，则顺势压迫我军到津浦、德石两线交会处之三角地带聚而歼之。"

有人建议，趁东侧无敌时进军渤海。马本斋断然否决。他说："敌人必然已在津浦、德石两路置重兵以待我，东进无异于自投罗网。"许多人提议，乘夜幕向西突围，但这时敌人的汽车、坦克和马队已严密封锁阜景公路和阜东公路，此时往西突围，等于往敌人枪口上撞。马本斋冷静分析后说：

"目前，部队必须做好隐蔽，不能被敌人发现，即使与敌人擦肩而过也不要开枪。"他继续分析："敌人必会向东推进，以达其歼我于津浦路西侧之目的。但随着敌人兵力的运动，西、南、北公路上的封锁线必将出现薄弱环节，那时，我军出其不意，一鼓而西，在敌人口袋底部捅一个窟窿。"指挥员们经过短暂而激烈的争论后，同意了马本斋的突围方案。

接着，马本斋强调："到了考验我们每个同志的关键时候了，每个共产党员要做好表率，发挥好模范带头作用，随时准备为国牺牲，一旦战斗令下，要奋勇出击，冲锋在前。"并号召指战员节省弹药，上好刺刀，准备白刃战。

会后，部队以中队为单位，迅速传达马司令员的命令，进行战斗动员。

天近拂晓，敌人的汽车纷纷向高庄、纪庄开来，大队日军沿村边道路向东匆匆而过。战士们隐蔽埋伏在院墙内，紧盯着数米之外的敌人。敌人估计我军早已东撤，遂不加搜索，急忙东进。天亮前，敌人主力已离开高庄、纪庄 20 余里，西部封锁线上的兵力大大减少。

马本斋当机立断，指挥部队向西突围。先出发的第 3 中队正好与日军后卫搜索分队相遇，为不惊动远处的敌人，勇士们没有开枪，神出鬼没地与敌展开肉搏，将搜索分队的 14 个敌人刺死了 13 个。由于一人逃跑时开枪，惊动了运动中的日伪军，敌人迅速在纪庄周围设下防线，并以密集的火力封锁向西突围的道路。

第 1 大队和政治部机关的同志率先向敌人的阵地发起猛烈冲击。一个战斗小组在弥漫的风沙和硝烟中，借着树丛的掩护，突进敌人的机枪阵地。小队长崔俊臣带领几名战士冲进敌指挥所击毙敌首，又摧毁敌几个火力点。副大队长裘克带领第 1 大队和机关乘机冲出敌封锁线。

驻在高庄的第 2 大队、第 3 大队在马本斋的直接指挥下，兵分两路向西突围。

这时，敌人抢占了村西北沙岗和高家坟等制高点，用机枪疯狂扫射，挡住了我军向西北突围的去路。

司令部机关和剧社文职人员多，战斗力较弱，马本斋命令第2大队掩护突围。2大队大队长马永标年过5旬，患有严重的关节炎，他不顾年迈体弱，率队猛打猛冲，为部队和机关人员开路，冲锋中，不幸中弹牺牲。第5中队中队长马庆功率领两个分队，冲入敌人阵地，夺回并控制高家坟等制高点，打退敌人一次又一次的凶猛反扑。在掩护部队突破敌人的几道封锁线后，两个分队的60余名战士只有12人生还。

马本斋料定东去之敌听到枪声后必定返回，且骑兵先到，步兵后续。突围前，他命令分队长焦振峰带领一支精干人马，占据有利地形准备伏击西返日军。正当大部队向西突围的紧要关头，日军骑兵一部返回高庄、纪庄，企图袭击我军侧背。我伏击部队一齐开火，敌人的骑兵大乱，自相践踏，残部只好掉头东窜。

上午10时许，3个大队已分别突破敌人的封锁线，在纪庄以西1公里处的开阔地带集结，然后迅速越过阜景公路，突出重围。待东去的日军大部队反扑回来时，马本斋率领的回民支队早已杳无踪影。

千顷洼一战，是在敌我力量悬殊，形势对我极其不利的情况下展开的，马本斋判断准确，指挥得当，率部沉着应战，奋勇杀敌，打破了日军的“铁壁合围”，粉碎了日军一举消灭回民支队的狂妄野心，保存了抗战的有生力量。

7月初，按照冀中军区的部署，马本斋率2000余人的回民支队，从冀中、冀南交界地带向东迂回运动，越过北运河和津浦路，向冀鲁豫边区挺进。

1942年9月中旬，回民支队胜利完成了战略转移，到达冀鲁豫边区的范县、冠县、濮县一带，于12月被编入冀鲁豫军区第3军分区，马本斋任分区司令员兼回民支队司令员，张同钰任政治委员。

当时，叛军石友三残部齐子修、文大可等盘踞在山东莘县、朝城一带，抢粮、抓丁，残害百姓，鲁西北人民极为痛恨。马本斋决心先扫清这两股叛军，开辟鲁西北抗日根据地。

由于鲁北连续3年大旱，当年粮食收成无几，饿殍遍野，惨不忍睹。敌我双方都严重缺粮。许多据点的敌人一见到哪里有烟火便去抢饭吃。根据这一情况，马本斋决定实施“以粮制敌”的战术。

冠县桑阿镇一带有3个布成“品”字形的伪军据点。马本斋率部潜入3个据点中心，令部分战士大肆熏烟生火，佯装做饭，部队主力则埋伏于四周有利地形。3个据点的敌人望见阵阵炊烟，不约而同地蜂拥而出，前来抢饭吃。当伪军进入伏击圈后，马本斋手枪一挥，一声大喝，顿时伏兵四起冲向敌人。敌人只稍作抵抗后，纷纷缴械投降。回民支队兵不血刃拿下3座据点，就食敌粮。

马本斋和战士们节衣缩食，拿出部分粮食救济奄奄待毙的乡亲，同时发动军民展开生产自救。部队严明纪律，广泛团结群众、依靠群众，就连不得同群众争挖野菜都作了明确的规定，很快赢得了当地人民的信任和支持。在鲁北人民群众的大力支持下，回民支队在朝城、莘县地区攻克敌据点30多处，烧毁敌碉堡40余座，在鲁西北牢牢站稳了脚跟，巩固了鲁西北抗日根据地。

国民党军第39集团军原副总司令孙良诚率部投降日本后，被任命为伪第二方面军总司令，其所部以濮阳县的八公桥为中心，不断向四面扩张，一步步“蚕食”抗日根据地。他们到处抓丁抢粮，筑碉挖沟，逼得当地老百姓难以生存，对抗日武装也带来很大威胁。深受其害的山东、河南军民强烈要求拔掉这颗钉子。

当时，孙良诚部装备精良，粮草充足，又占据着有利地形，的确是一块不好啃的骨头。冀鲁豫军区司令员杨得志等召开团以上干部参加的军事会议，研究制定作战方案。一些人主张先扫清八公桥外围，步步压缩，最后攻打八公桥。马本斋反复考虑后，提出了“牛刀子剜心”的战术，即首先集中优势兵力，打掉敌人总部八公桥，然后再以得胜之军清扫外围据点。

他说：“第一，八公桥外有层层据点保护，内有一丈多深的壕沟和一丈多高的围墙，由孙良诚嫡系部队特务团防守，备周则意怠；第二，目前敌人主力离开老巢，‘蚕食’我抗日根据地且步步得手，正处得意忘形之时；第三，我主力部队距八公桥远在二三百里以外，尚未引起敌人的注意。因此，趁敌防守麻痹，我们如以急行军突进敌人心脏，出其不意，攻其不备，拿下八公桥是完全有把握的。”

最后，大家一致同意马本斋的意见，决定奇袭八公桥。

按照杨得志司令员的命令，马本斋一面挑选精兵强将，做好战前准备；一面派出作战参谋和测绘员潜入八公桥，进一步摸清敌情。

1943 年 11 月 14 日，马本斋率回民支队从尚和、昆吾出发，经过两天两夜的隐蔽急行军，于 16 日夜到达八公桥附近，同友邻部队一起包围了孙良诚的司令部。当夜，天黑风急，尘沙弥漫，敌人毫无戒备。部队顺利越过壕沟，爬过围墙，首先摸掉了哨兵，并迅速把敌指挥部团团围住。一声令下，轻重火器一齐怒吼，回民支队和军区主力部队的战士们奋勇冲进敌穴。伪军们猝不及防，以为神兵天降，没作任何抵抗就当了俘虏。活捉了孙良诚的参谋长和特务团团长，特务团 1600 余人全部缴械投降。这一战，缴获轻机枪 17 挺，步枪 1600 余支，子弹 4 万余发，电台两部，战马 100 匹，粮食数百万斤及兵工厂一所。

敌八公桥总部被打掉之后，伪军群蛇无首，

阵脚大乱。八路军主力以风扫残云之势很快扫清了八公桥外围据点，掌握了山东敌后战场的主动权。马本斋卓越的指挥才能得到指战员们的高度评价。当时的中共冀鲁豫区委书记黄敬称他为“后起的天才军事家”。

据不完全统计，回民支队成立 6 年多时间，马本斋带领广大指战员在华北共进行战斗 870 余次，歼灭日伪军 3.6 万余人。

心向延安

1943 年下半年，国民党顽固派企图发动的第三次反共高潮被制止后，胡宗南秉承蒋介石的旨意，所纠集的几十万大军仍然包围着中共敌后抗战的大本营——陕甘宁边区及其首府延安。1944 年 2 月，中央军委命令杨得志司令员率领包括回民支队在内的冀鲁豫军区主力一部开赴陕北，保卫党中央，保卫毛主席。

马本斋接到命令后，心潮激荡，彻夜难眠，他恨不能插上翅膀立刻飞到延安，飞到毛主席身边！就在马本斋和政委刘世昌紧张地组织部队进行准备工作时，马本斋突然感到颈后的疮伤钻心般地疼痛，几次晕倒在地。

原来，半个月前，马本斋颈后长了一个黄豆粒大小的疮疖，最初，他根本没在乎。由于战斗频繁，马本斋只让医生简单治疗后就没管它，一直抱病参加征战。后来才知道这种病症中医叫作“砍头疮”，它的毒性很大，治疗不及时就有生命危险。如今，马本斋病情严重恶化，毒疮病菌大量进入血液，引起了严重的全身反应，高烧持续不退，处于昏迷之中。刘政委指示迅速将马司令员送往濮阳县小屯村冀鲁豫军区后方医院抢救。

刘政委十分关心马司令的病情，多次来医院看他。一次，刘政委来到马本斋的病床前，正好他刚从昏迷中醒来，便微笑着对刘政委和医护人员说：“我到马克思那里报到，他说，你的任务还没有完成呢，怎么就来啦？我一听，又回来啦！”马本斋的乐观情绪让在场的人心情更加沉重。

王医生告诉刘政委，其实马司令的病情很重，疔毒已经扩散，毒性归内，转化为急性肺炎。医术上说：“毒气归内，十有九卒！”

这些天，部队许多干部战士来到医院要求去看望马司令员，医生劝都劝不住，正好刘政委也赶来了，他对战士们说：“同志们，你们想念司令员，司令员也想你们呀！为了让他尽快地恢复健康，我们就暂时不要去看了，这样司令员好得更快，你们说好不好？”这才把他们劝走。

杨得志司令员也亲自到医院来看望马本斋。马本斋当着杨司令员的面，坚决要求随部队出发到延安去。他说：“司令员，我马本斋从军这么多年，过去为军阀卖命，解甲归田后，好不容易找到共产党八路军，才真正做了些抗日、救国、救民的事情。日寇还没赶走，国民党又作难。我的病没事，我要求去延安，保卫党中央，保卫毛主席！”

经杨司令员再三劝说，马本斋才同意暂时留在医院治疗。

部队要出发了，马本斋拉着战友们的手吃力地说：“你们先走吧，我会跟上你们的。这一次去延安，我们要和兄弟部队编成一个教导旅，旅长就是杨得志同志。我们一定要听从杨得志同志的指挥，与兄弟部队搞好团结……见到毛主席、朱总司令，千万要转达我的问候。同志们，你们前面走，我很快就会赶上你们的！同志们，咱延安见好不好？”

部队出发那天，马本斋坐担架来为部队送行。战士们见到日夜思念的司令员，他们欢呼，他们鼓掌，他们激动得流下了眼泪。

马本斋示意马铁男、金震河把他从担架上扶了起来，强撑着十分虚弱的身体，但他仍旧没有忘记军人的本色，先正了正军帽，然后又拉了拉军衣，扶着马铁男和金震河的胳膊，使尽全身的力气，站定了身子，气喘吁吁地向指战员们问好。

马本斋的问候声未落，广场上立即响起“首长好”的高呼声，这声音响彻了大地，响彻了冀鲁平原。

马本斋慢慢地向大家摆了摆手，然后用尽全身的气力说道：“同志们，你们马上就要动身去革命圣地延安了，到党中央、毛主席身边去，多么光

荣，多么幸福！不过我听说，有不少同志，还不想立即去，说要和我一起走。当然喽，同志们想我，我也想念同志们。但是，这不是一次普通的行动，这是执行党中央、毛主席的命令，任何感情都必须扔掉，因为你们不是跟着我马本斋个人干革命，是要跟着党，跟着毛主席！”

刘世昌政委激动地说：“同志们，我们要用实际行动让司令员放心，多打胜仗，坚决保卫延安，保卫党中央！”

“敬礼！”

“出发！”

马本斋强忍着胸部剧烈的疼痛，汗水湿透了他的内衣，他以极大的毅力目送着自己亲手带出的这支英雄的部队，战友们也带着无限的依恋离开了自己敬爱的司令员，踏上了奔赴延安的征程！

06 尾声

1944年2月7日，这位深受人民敬仰、战士爱戴，令敌人闻名丧胆的抗日民族英雄，带着深深的眷恋离开了人间。

壮志未酬身先死，长使英雄泪满襟。噩耗传出，山东、河北、延安等地的抗日军民纷纷挥泪祭悼。

杨得志司令员向回民支队的指战员们宣布马本斋逝世的消息："同志们，中国人民的好儿子、中国共产党的优秀党员、回民支队全体同志所爱戴的优秀指挥员马本斋同志，他……"

没等杨得志司令员讲完，战士们明白了，他们再也抑制不住冲击胸口的悲痛，失声痛哭起来。

杨得志司令员擦干脸上的泪水，继续说道："同志们，马本斋同志的死，比泰山还重。他像莽莽昆仑巍然屹立，他像滚滚江河奔流不息。他是我党我军的骄傲！马本斋同志虽然离开了我们，但是，死，绝不是他战斗的终止，他的革命精神将永远都是鼓舞我们前进的力量。他，永远是出征的战士！”

3 月 17 日，延安各界 300 多人在清真寺举行了马本斋追悼大会。吴玉章、林伯渠、叶剑英等党政军领导人参加追悼大会并讲了话。毛泽东、周恩来、朱德等中央领导送了花圈和挽联。

毛泽东挽词：“马本斋同志不死！”

周恩来挽词：“民族英雄，吾党战士！”

朱德挽词：“壮志难移，回汉各族模范；大节不死，母子两代英雄！”

叶剑英挽词：“马本斋同志精神不死！”

林伯渠、李富春挽联：“率大军抗日寇远近播英名，冀鲁豫河山增色；奉教义承母志生死矢忠贞，伊斯兰健儿典型。”

陕甘宁边区回协和延安清真寺共挽马本斋：“以大智大勇率吾族健儿驰骋冀中平原，坚强若磐石矫健若游龙百战威名寒寇胆；能不屈不挠为共产党员保持光荣称号，骂贼有高堂从军有介弟一门英烈照寰区。”

马本斋同志的一生，是为人民解放事业努力奋斗的一生，他英雄的名字和他光荣的事迹，将永远载入中华民族的光辉史册！

为了纪念马本斋同志，1944 年冬，冀中八分区行政公署将马本斋诞生地东辛庄命名为本斋村。

1952 年 12 月，献县人民政府设立马本斋纪念馆。

1954 年，马本斋的灵柩由山东张鲁集迁至石家庄市华北军区烈士陵园。张鲁集人民提出在原处依然保留原貌。

1959 年，八一电影制片厂拍摄了《回民支队》电影，歌颂了马本斋的英雄传奇。

1984 年 2 月，经河北省人民政府批准，献县人民政府改本斋人民公社为本斋回族自治乡。

1985 年，献县政府、本斋家乡在本斋村修建了马本斋母子烈士陵园，以供后人追思瞻仰。

1995 年 12 月，在撤乡并镇中，西城乡与本斋乡合并称为本斋回族自治乡。

2006年，在马本斋母子烈士陵园的基础上，当地政府扩建为马本斋纪念馆；2017年1月，该纪念馆入选《全国红色旅游经典景区名录》；2017年12月，该纪念馆入选国家教育部第一批全国中小生研学实践教育基地。

2009年9月，马本斋入选“100位为新中国成立作出突出贡献的英雄模范人物”。

后记

马本斋以挽救民族危亡和人民于水火为己任，是一生不断追求和奋斗的“民族英雄，吾党战士”，因患病倒在了前进的征程上。他是多么地不情愿啊！“日寇还没有赶走，国民党又作难。”他还想继续战斗！党和人民是多么地不情愿啊！毛泽东挥笔奋书：“马本斋同志不死！”朱德挥泪挽联：“壮志难移，回汉各族模范；大节不死，母子两代英雄！”马本斋没有死，他的精神永在！他曾领导的抗日武装仍驰骋在抗日的战场，令日寇闻之丧胆；他创下的丰功伟绩和留下的英雄故事始终在各族人民中间广为流传；他和母亲崇高的革命气节，已成为中华民族的英雄典范，为世人所敬仰和怀念。80多年来，马本斋的革命精神激励和鼓舞了一代又一代的中国人民，新的时代更需要这种对党忠诚、奋斗不止、无私奉献的精神。我们要永远学习他、书写他、歌颂他。

本书充分吸取了前人的研究成果，从马本斋平凡而伟大的一生中，遴选了一些最典型、最具代表性的英雄事迹，结合中国革命发展历程和他曲折的人生经历，在充分尊重史实的基础上编写完成。力求用生动感人的英雄故事，传递英雄烈士伟大的革命精神。在编写过程中，得到军事科学院军队政治工作研究院领导和机关的大力支持，赵一平、李博、邓礼峰、张明金、康月田、陈政举、潘宏等多位专家学者进行了审读，提出了宝贵的意见。

主要参考的书目有：《中共党史人物传》（中共党史出版社）、《解放军烈士传》（总政治组织部编/解放军出版社）、《马本斋的故事》（马龙著/中国社会出版社）、《民族英雄》（马国超著/华艺出版社）、《我的父亲马本斋》（马国超著/中国书籍出版社）、共和国传奇英雄《马本斋》（马国超著/河北人民出版社）、民族英雄的精魂《沧州之旅》（河北教育出版社）、100位为新中国成立作出突出贡献的英雄模范人物《马本斋》（王晶编著/吉林文史出版社）。

在此，谨向关心和提供帮助的各位领导、专家学者，以及上述书目作者、编辑致以最诚挚的谢意！

图书在版编目（CIP）数据

马本斋 / 军事科学院解放军党史军史研究中心编著. -- 北京：学习出版社，2020.9（2021.5重印）
（中华先烈人物故事汇）
ISBN 978-7-5147-0750-2

Ⅰ.①马… Ⅱ.①军… Ⅲ.①马本斋（1902-1944）—传记 Ⅳ.①K825.2

中国版本图书馆CIP数据核字（2020）第149811号

马本斋
MA BENZHAI
军事科学院解放军党史军史研究中心

责任编辑：李 岩　　封面绘画：刘书移
技术编辑：刘 硕　　内文插图：韩新维
美术编辑：杨 洪

出版发行：学习出版社
北京市东城区崇外大街11号新成文化大厦B座11层（100062）
010-66063020 010-66061634 010-66061646
网 址：http://www.xuexiph.cn
经 销：新华书店
印 刷：北京联兴盛业印刷股份有限公司

开 本：787毫米×1092毫米 1/32
印 张：6
字 数：85千字
版次印次：2020年9月第1版 2021年5月第2次印刷

书 号：ISBN 978-7-5147-0750-2
定 价：23.00元